Bibliografische Information der Deutschen Nationalbibliothek:

Die Deutsche Nationalbibliothek verzeichnet diese Publikation in der Deutschen Nationalbibliografie; detaillierte bibliografische Daten sind im Internet über http://dnb.d-nb.de abrufbar.

Impressum:

Copyright © 2017 Studylab

Ein Imprint der GRIN Verlag, Open Publishing GmbH

Druck und Bindung: Books on Demand GmbH, Norderstedt, Germany

Coverbild: ei8htz

Ines Schrötter

‚Ich bin auch noch da'

Förderung der Resilienz zur positiven Beeinflussung der psychosozialen Entwicklung von Geschwistern behinderter oder chronischer erkrankter Kinder

2016

Inhaltsverzeichnis

Inhaltsverzeichnis 4

Abstract 6

1 Einleitung 7

2 Annäherung an verwendete Fachbegriffe 10

    2.1 Behinderung und chronische Erkrankung 10

        2.1.1 Behinderung 10

        2.1.2 Chronische Erkrankung im Kindes- und Jugendalter 12

    2.2 Resilienz 12

        2.2.1 Resilienz – dynamischer Anpassungs- und Entwicklungsprozess 12

        2.2.2 Resilienzforschung – Neue Sichtweisen 15

    2.3 Schutz- und Risikofaktoren 17

        2.3.1 Risikofaktoren 18

        2.3.2 Schutzfaktoren 20

        2.3.3 Zusammenwirken von Risiko- und Schutzfaktoren 22

        2.3.4 Resilienzfaktoren 24

3 Intrafamiliäre Beziehungen 27

    3.1 Klassische Geschwisterbeziehung 27

    3.2 Familienleben mit einem behinderten Kind 29

    3.3 Spezielle Geschwisterbeziehung 31

        3.3.1 Einstellung der Eltern und Familienatmosphäre 33

        3.3.2 Art und Schwere der Behinderung 34

        3.3.3 Alter und Geschlecht 36

        3.3.4 Soziale und sozioökonomische Rahmenbedingungen 38

        3.3.5 Soziales Umfeld der Familie 39

4 Die psychosoziale Entwicklung nichtbehinderter Geschwister 41

    4.1 Behinderung- Wahrnehmungs- und Bewältigungsprozess für die nichtbeeinträchtigten Kinder 45

    4.2 Entwicklungspsychologische Konsequenzen 46

        4.2.1 Mögliche Risiken für nichtbehinderte Geschwisterkinder 47

4.2.2 Positive Auswirkungen für die gesunden Kinder 50

5 Förderung der psychosozialen Entwicklung nichtbeeinträchtigter Kinder 52

    5.1 Aufklärung und Information 53

    5.2 Resilienzförderung 54

6 Unterstützungsmöglichkeiten für die Geschwister behinderter Kinder 58

    6.1 Möglichkeiten zur Förderung resilienter Eigenschaften 58

    6.2 Hilfekonzepte für die nichtbeeinträchtigten Kinder 60

    6.3 Professionelle Beratung und Hinweise für die Eltern 62

    6.4 Empfehlungen für professionelle Fachkräfte und Pädagogen 64

7 Resümee 66

Literatur 68

Internetquellen 71

Abstract

Die erste soziale Institution eines Menschen, die Familie, nimmt für dessen Entwicklung einen bedeutenden Stellenwert ein. Die Familie besitzt deshalb so eine enorme Bedeutung, weil sowohl Eltern als auch Geschwister einen ausschlaggebenden Einfluss auf die Entwicklung jedes Einzelnen haben.[1]

Ist ein Kind der Familie schwer behindert oder chronisch erkrankt, verändert sich die Familien- und Lebenssituation für alle Beteiligten erheblich, insbesondere aber für die nichtbeeinträchtigten Kinder, deren Lebenslage sich phasenweise oder dauerhaft belastend gestalten kann.[2] Das Leben mit einer eigenen schweren Behinderung ist kaum vorstellbar und es lässt sich nur vermuten, wie schwierig sich das Leben der Eltern eines behinderten Kindes unter diesem Gesichtspunkt darstellt. Dahingegen erscheint der Aspekt Geschwister eines beeinträchtigten Kindes zu sein fast bedeutungslos. So besteht die Ansicht, dass sich die unversehrten Kinder ohne Hindernisse entwickeln können, selbst wenn sie teilweise altersuntypische Aufgaben übernehmen, von ihnen Rücksichtnahme erwartet wird und sie unzureichend Beachtung von ihren Eltern erfahren.[3]

Diese Arbeit befasst sich mit der Situation von Kindern behinderter Geschwister und der Frage, welche Faktoren Resilienz fördern, um die Heranwachsenden positiv in ihrer psychosozialen Entwicklung zu beeinflussen. Ferner wird auf Faktoren eingegangen, die diese Entwicklung begünstigen respektive gefährden können, um abschließend zu untersuchen, welcher resilienzfördernder Unterstützungsmöglichkeiten Geschwister behinderter Kinder und deren Familien in diesem Zusammenhang bedürfen.

---

[1] Vgl. Badnejevic 2008: 5.
[2] Vgl. Ebd.: 5.
[3] Vgl. Winkelheide/Knees 2003: 9-10.

1 Einleitung

„Wenn die Wellen über mir zusammenschlagen, tauche ich tiefer, um nach Perlen zu tauchen."[4] (Mascha Kaleko)

Dieses Zitat einer deutsch-jüdischen Schriftstellerin versinnbildlicht sehr gelungen den Zusammenhang zwischen den Begriffen ‚Resilienz' und ‚Behinderung' als gelebte Empfindung und Haltung der Geschwister von Kindern mit besonderen Bedürfnissen[5]. Neben der Angst und der Hilflosigkeit der gesunden Kinder, die durch die besondere familiäre Situation entsteht, müssen sie oftmals um die ungeteilte Aufmerksamkeit ihrer Eltern und die Durchsetzung ihrer eigenen Bedürfnisse kämpfen. Betrachtet man diese Aussagen metaphorisch als über den Kindern zusammenschlagende Wellen, so haben sie die Wahl zwischen Kampf und Resignation. Auch wenn in Mascha Kalekos Zitat vom Tauchen die Rede ist, beinhaltet es im übertragenen Sinn nicht das passive Abtauchen, um sich den Problemen zu entziehen, sondern vielmehr das aktive Tauchen, um Ressourcen zu finden. Damit die Perlensuche im Sinne einer positiven psychosozialen Entwicklung für die betroffenen Kinder erfolgreich ist, benötigen sie eine veränderte Krisenbewältigung in Form einer gestärkten Widerstandsfähigkeit.

Ferner bestärkt das Zitat sowohl die praktischen Erfahrungen bei der Arbeit mit Familien behinderter Kinder als auch die Expertenmeinungen in der Fachliteratur, welche offenbaren, dass sich die Lebens- und Familiensituation von Geschwistern behinderter Kinder teilweise sehr schwierig gestalten kann.

‚Behinderung' — das scheint im Grunde genommen ein einfaches und unverfängliches Wort zu sein. Doch die Bedeutung, welcher dieser scheinbar harmlose Begriff in sich trägt, besitzt die Macht, Lebenswelten von Familien umfassend zu verändern: So ist die Betroffenheit und Hoffnungslosigkeit sowie die Belastung der Eltern enorm, wenn sie nach der Geburt eines erhofft gesunden Kindes mit der Diagnosestellung einer Behinderung konfrontiert werden. Zugleich nimmt dieser Sachverhalt eine besondere Gewichtung für die Geschwister dieser Kinder ein, da sie neben den Eltern eine unmittelbar betroffene Personengruppe darstellen.[6] Die mit der veränderten Familiensituation verbundenen Ein-

---

[4] Maehrlein 2012: 13.

[5] Bei Kindern mit besonderen Bedürfnissen wird im Folgenden des Leseflusses wegen von ‚behinderten oder beeinträchtigten Kindern' gesprochen.

[6] Vgl. Hackenberg 2008: 9.

flussfaktoren können eine entscheidende Wirkung auf die psychosoziale Entwicklung dieser Kinder haben. Bislang werden die Geschwister behinderter Kinder von der Gesellschaft noch zu gering wahrgenommen, da zumeist die letztgenannten im Fokus der Aufmerksamkeit stehen. Zudem gibt es immer noch zu wenig konzeptionelle Hilfe für diese schwierige Situation und die speziellen Bedürfnisse der Betroffenen. Wissenschaftliche und pädagogische Beobachtungen bescheinigen den betroffenen Geschwisterkindern dennoch die Möglichkeit einer positiven Identitätsentwicklung. Entgegen früherer hypothetischer Annahmen, dass diese durch die Familiensituation besonders geprägten Kinder sich nicht adäquat entwickeln können, folgen nun neue Erkenntnisse, die nicht mehr defizitorientiert sondern ressourcenorientiert geprägt sind.[7] In diesem Zusammenhang hat in den letzten Jahren der Begriff der ‚Resilienz', der sogenannten seelischen Widerstandsfähigkeit, an Bedeutung für die Gesundheitsforschung und –förderung gewonnen. Es hat sich herausgestellt, dass die Resilienzförderung zur optimalen Beeinflussung der psychosozialen Entwicklung bei Kindern mit behinderten und chronisch kranken Geschwistern ein bedeutender Aspekt ist[8], was die folgenden Ausführungen verdeutlichen sollen.

Es wird im Folgenden analysiert, ob die psychosoziale Entwicklung von Geschwistern behinderter Kinder durch eine gezielte Förderung der Resilienz positiv beeinflusst werden kann.

Ferner wird auf Faktoren eingegangen, die diese Entwicklung begünstigen respektive gefährden können, um abschließend zu untersuchen, welcher resilienzfördernder Unterstützungsmöglichkeiten Geschwister behinderter Kinder und deren Familien in diesem Zusammenhang bedürfen.

Für die Analyse erscheint zunächst eine Annäherung an die Begriffe Behinderung, chronische Erkrankungen und Resilienz notwendig. Anschließend werden wichtige Aspekte des Resilienzkonzeptes und neue Sichtweisen der Resilienzforschung betrachtet. Mit den darauf folgenden Schutz- und Risikofaktoren wird auf bedeutende Einflussgrößen, die bei der Entstehung von Resilienz auf- und miteinander wirken, eingegangen. Neben der Betrachtung der außergewöhnlichen familiären Situation und der konventionellen Geschwisterbindung wird die spezielle Beziehung dieser Kinder untereinander und die an dieser Stelle auftretenden Besonderheiten für die Identitätsentwicklung und das Bewälti-

---

[7] Vgl. Böhm 2010: 3.

[8] Vgl. Jimenez 2015: 2-3.

gungsverhalten von nichtbeeinträchtigten Kindern untersucht. Dies erfolgt mit Sicht auf die Rollen und Funktionen, welche Geschwister füreinander einnehmen. Überdies sind Begleitumstände des sozialen und ökonomischen Kontextes in den Untersuchungen von Interesse, um die Auswirkungen auf die psychosoziale Entwicklung der nicht beeinträchtigten Kinder zu überprüfen. Es wird dargelegt, welche Risiken auftreten und welche positiven Auswirkungen damit verbunden sein könnten.

In der Gesamtheit betrachtet, finden die Untersuchungen unter dem Hauptaugenmerk der Resilienz nichtbehinderter Kinder statt. Zudem prüft die vorliegende Arbeit in welcher Form und in welchem Rahmen es möglich ist, Geschwisterkindern schwermehrfachbehinderter Kinder und ihren Familien, Unterstützungsmöglichkeiten zur Resilienzförderung anzubieten.

Aufgrund der Erfahrungen aus meiner eigenen Arbeit als Physiotherapeutin und meiner Mitarbeit in der Elternberatung in einem Förderzentrum ist mir diese Thematik nicht fremd. Ich wurde durch unsichere Eltern, die sich neben der Sorge um ihre behinderten Kinder zusätzlich um das Wohl und die unbeeinträchtigte Entwicklung der Geschwister ängstigen, angeregt mich mit diesem Thema gedanklich auseinanderzusetzen. Oftmals geraten die Angehörigen an dieser Stelle an ihre Grenzen. Der Fokus einiger Eltern liegt so stark auf dem beeinträchtigten Kind, dass ihnen erst bei ernsten auftretenden Problemen der gesunden Kinder ihre fehlende Unterstützung bewusst wird. Parallel dazu verstärkte sich mein Interesse durch die Erkenntnisse der wissenschaftlichen Theorien aus dem Studium, speziell der Resilienzforschung. Insofern möchte ich die Möglichkeit im Rahmen dieser Arbeit nutzen, diesen Aspekt auf wissenschaftlichem Hintergrund zu diskutieren, um mein Wissen zu erweitern und es später in der Praxis zu Beratungs- und Aufklärungszwecken aller Beteiligten anwenden zu können.

2 Annäherung an verwendete Fachbegriffe

Für die Beschäftigung mit dem Thema der Resilienzförderung ist es relevant die Begriffe ‚Behinderung' und ‚chronische Erkrankung' zu definieren. Zudem existieren umgangssprachlich die unterschiedlichsten Bezeichnungen für Menschen mit einer Behinderung, die neben neutralen oder abwertenden häufig auch umschreibende Bezeichnungen verwenden. Hier ist es wichtig zu wissen, dass Umschreibungen oder gar Nichtbenennung einer Behinderung die nichtbeeinträchtigten Geschwister oft mehr belastet als die Wahrheit.[9] Da in dieser Arbeit die nichtbeeinträchtigten Kinder im Vordergrund stehen, wird darauf verzichtet die wissenschaftlichen Ansätze zu Behinderungen allzu präzise aufzuführen. Vielmehr wird die Vorstellung der Definitionsversuche verschiedener Autoren im Mittelpunkt stehen.

Da das Hauptaugenmerk dieser Arbeit auf die Resilienzförderung zur optimalen psychosozialen Entwicklung von Geschwistern behinderter Kinder gerichtet ist, ist es notwendig, den Terminus ‚Resilienz' nicht nur zu definieren, sondern genauer zu betrachten.

2.1 Behinderung und chronische Erkrankung

2.1.1 Behinderung

Nicht nur in der Medizin, sondern auch im Sozialrecht ist festgelegt, was eine Behinderung charakterisiert:

> Menschen sind behindert, wenn ihre körperliche Funktion, geistigen Fähigkeiten oder seelische Gesundheit mit hoher Wahrscheinlichkeit länger als sechs Monate von dem für das Lebensalter typischen Zustand abweichen und daher ihre Teilhabe am Leben in der Gemeinschaft beeinträchtigt ist. Sie sind von Behinderung bedroht, wenn die Beeinträchtigung zu erwarten ist.[10]

Durch eine im Jahre 2001 verabschiedete dreigliedrige Einteilung des Begriffes, der sogenannten ‚Internationalen Klassifikation der Funktionsfähigkeit, Behin-

---

[9] Vgl. Winkelheide/ Knees 2003: 70.

[10] §2 Absatz 1 Sozialgesetzbuch (SGB) IX in: www.gesetze-im-internet.de.

derung und Gesundheit'[11], durch die Weltgesundheitsorganisation[12], wird der Anspruch erhoben, neben Defiziten auch Kompetenzen und Fertigkeiten zu erfassen. Somit wird der Auffassung gefolgt, dass eine beeinträchtigte funktionale Gesundheit kein Merkmal eines Menschen ist, sondern eine komplexe Verknüpfung von Bedingungen, die zumeist durch die Gesellschaft hervorgebracht werden. Ferner wurden der Umfang der erreichbaren Aktivitäten und der gesellschaftlichen Teilhabe für die Beurteilung einer Behinderung mit einbezogen. Zudem ist die Definition der ICF in der Neufassung des Sozialgesetzbuches IX mit berücksichtigt.[13]

Für den Begriff „Schwermehrfachbehinderung" gibt es keine allgemeingültige Definition, selbst durch die ICF und die sogenannte ‚Internationale statistische Klassifikation der Krankheiten und verwandter Gesundheitsprobleme'[14] konnte bislang keine geeignete Begriffsbestimmung entwickelt werden. Dennoch wird unter einer Schwermehrfachbehinderung traditionell das gleichzeitige Vorliegen mehrerer Behinderungen verstanden, welche eine Zuordnung zu einer Hauptbehinderung, aufgrund der beträchtlichen Schwere der Behinderung, einschränkt. Aus diesem Grund gestalten sich elementare Begegnungen mit anderen Menschen sehr schwierig.[15]

Ferner setzt die WHO in ihrem Konzept mit dem folgenden Zitat ein Zeichen, durch welches sie die Menschen vor der Gefahr der Nichtbenennung von Behinderung und mit deren Umgang anmahnt:

> Wie auch immer Behinderungen genannt werden – sie werden ungeachtet ihrer Bezeichnung existieren. Daher ist das Problem nicht nur ein sprachliches, sondern auch und vor allem ein Problem des Verhaltens von anderen Menschen und der Gesellschaft gegenüber Behinderten. Nicht eine politisch korrekte Sprache ist vonnöten, sondern ein korrekter Inhalt und Gebrauch.[16]

---

[11] ICF (vgl. Puschke 2005: 4)

[12] WHO (vgl. Puschke 2005: 4)

[13] Vgl. Retzlaff 2013: 21.

[14] ICD (vgl. ebd.: 21)

[15] Vgl. Schmidt- Ohlemann 2005: 594.

[16] ICIDH2 in Winkelheide/Knees 2003: 70.

2.1.2 Chronische Erkrankung im Kindes- und Jugendalter

Aufgrund der Konzeption der vorliegenden Arbeit beziehen sich die folgenden Ausführungen nur auf die chronischen körperlichen Erkrankungen der Kinder und Jugendlichen. Somit wird der psychische Bereich der chronischen Krankheiten an dieser Stelle unberücksichtigt gelassen.

Obwohl im Vergleich zu Erwachsenen keine Prävalenz chronischer Erkrankungen bei Kindern und Jugendlichen besteht, impliziert diese Altersgruppe eine breitere Vielfalt. Zudem behindern sie nicht nur das Wohlergehen und die Leistungsfähigkeit der Heranwachsenden, sondern führen zur zeitweiligen oder gar dauerhaften Beeinträchtigung der physischen und psychischen sowie sexuellen und sozialen Entwicklung. Obgleich diese chronischen Störungen in der Regel medizinisch behandelbar sind, bedeutet das nicht eine grundsätzliche Heilung. Die betroffenen Kinder und Jugendlichen sind oftmals ihr ganzes Leben oder zumindest einen langen Zeitraum dessen, auf eine permanente medizinische Behandlung angewiesen. Diese verfolgt in erster Linie das Ziel, den betroffenen Kindern ein schmerzfreies Leben und eine altersgerechte physische sowie psychosoziale Entwicklung verbunden mit einer optimalen sozialen Integration zu ermöglichen.[17]

2.2 Resilienz

2.2.1 Resilienz – dynamischer Anpassungs- und Entwicklungsprozess

Der Begriff ‚Resilienz', vom lateinischen resilio (abprallen, zurückspringen) abgeleitet, wird übersetzt mit Widerstandsfähigkeit, Spannkraft und Elastizität. Ursprünglich stammt der Begriff aus der Physik und bezeichnet in der Materialforschung hochelastische Werkstoffe, welche die Fähigkeit zur Verformung besitzen und danach wieder in ihre anfängliche Form zurückfinden.[18] Auf den Menschen übertragen ist „die Fähigkeit eines Individuums gemeint, erfolgreich mit belastenden Lebensumständen und negativen Stressfolgen umzugehen"[19] mit einer „Herangehensweise, die vor allem auf die Stärken der jeweiligen Person setzt"[20].

---

[17] Vgl. Pinquart 2013: 2.

[18] Vgl. Plass 2005: 1-2.

[19] Wustmann 2004: 18; zit. nach: Fröhlich- Gildhoff/Rönnau- Böse 2009: 9.

[20] Zander 2009: 12.

Die deutschsprachige Literatur bietet zum Verständnis der Resilienz die vielfältigsten Definitionen an. Eine in der Literatur vielfach verwendete begriffliche Bestimmung Wustmanns betrachtet Resilienz zudem aus folgendem Blickwinkel: „Resilienz meint die psychische Widerstandsfähigkeit von Kindern gegenüber biologischen, psychologischen und psychosozialen Entwicklungsrisiken."[21] Aus entwicklungspsychologischer Perspektive bezüglich der Geschwister behinderter Kinder beschreibt Welter-Enderlein das zu besprechende Phänomen am treffendsten. Sie konstatiert, dass „unter Resilienz die Fähigkeit von Menschen verstanden wird, Krisen im Lebenszyklus unter Rückgriff auf persönliche und sozial vermittelte Ressourcen zu meistern und als Anlass für Entwicklung zu nutzen"[22]. In diesem Sinne ist von einer positiven Anpassung der Kinder die Rede, da negativ beeinflussende Faktoren der kindlichen Entwicklung erfolgreich ohne eine „signifikante[n] Bedrohung für die kindliche Entwicklung"23 bewältigt werden. Letztlich können sie durch eine optimierte Fähigkeit zu Resilienz Kräfte aktivieren, um aus einer risikoreichen Situation noch gestärkter hervorzutreten.[24]

Bezugnehmend auf die Erläuterung des Begriffes Resilienz ist zusammenfassend festzustellen, dass alle Erklärungsversuche sehr differenziert und detailliert sind. Allerdings besteht aufgrund schwerpunktorientierter Ansichten der jeweiligen Verfasser keine grundlegende Einheitlichkeit, da entweder interne und/oder externe Kriterien einbezogen wurden. Dennoch liegt allen Definitionen in der inhaltlichen Betrachtung übereinstimmend zugrunde, dass die Kinder über eine Resilienz verfügen, welche eine schwere Situation oder gar mehrere Risiken in ihrer Entwicklung erfolgreich bewältigt haben.

Obgleich das Potenzial der Befähigung zu Resilienz bei den meisten Kindern vorhanden ist, entwickelt und festigt es sich erst in der Interaktion mit der sozialen Umwelt und insbesondere in hinderlichen Lebenslagen. Entgegen früherer Annahmen handelt es sich somit um kein angeborenes Phänomen.[25] Zudem ist die Fähigkeit Resilienz zu erwerben in den ersten zehn Lebensjahren am höchsten.[26] Die Kinder sowie deren Umwelt sind im selben Maße an dieser Entwick-

---

[21] Vgl. Ebd.: 12-13.

[22] Welter-Enderlin 2006: 13.

[23] Zander 2008: 18.

[24] Vgl. Ebd.: 18-19.

[25] Vgl. Wustmann 2004: 28.

[26] Vgl. Zander 2008: 133.

lung beteiligt. Somit beeinflussen Verhaltensweisen und Entscheidungen ihre Umwelt, da sie diese mitgestalten und eigene Wirklichkeitskonstruktionen schaffen. Damit verbunden sind grundlegende und eigens erlernte Bewältigungsstrategien seitens der Kinder, um aktuellen oder künftigen Belastungen mit einem Gefühl der Bewältigungskompetenz entgegen zu sehen. In Anbetracht dieser aktiven Selbstregulation der Kinder unter zum Teil schwierigen Lebensumständen unterliegt Resilienz einem „dynamischen Anpassungs- und Entwicklungsprozess"[27]. Dieser Prozess kann demnach in jeder Entwicklungsphase beginnen, ist von jedem Menschen erlernbar und verändert sich abhängig von bewältigten Entwicklungsrisiken.

Dennoch ist nicht jede seelische Widerstandsfähigkeit sofort als Resilienz zu benennen. Nur wenn das Kind wiederholt außergewöhnliche Ereignisse erfolgreich gemeistert hat, kann von resilientem Verhalten die Rede sein. Außerdem gehört die Gefahr des Scheiterns zum normativen Risiko jeder menschlichen Entwicklung und darf nicht generell als extreme Belastungssituation betrachtet werden.[28] Überdies ist selbst eine überstandene Risikosituation nicht auf eine Folgende übertragbar. Somit muss Resilienz in jeder bedenklichen Lage wieder neu erlangt werden. Es kann vorkommen, dass Kinder in prekären Lebenssituationen resiliente Eigenschaften besitzen, sich jedoch verletzbar bei einem nachfolgenden Ereignis damit konfrontiert sehen.[29] Allerdings wird der Heranwachsende in seiner Widerstandsfähigkeit mit jeder positiv gemachten Erfahrung gestärkt.

Im Verlauf der Entwicklung eines Kindes kann es zu stetig wiederkehrenden kritischen Phasen verbunden mit einer kindlichen Verwundbarkeit kommen. Diese sogenannten ‚Phasen erhöhter Vulnerabilität' (Verletzbarkeit) üben inbegriffen vermehrter „Risikobedingungen eine stärkere Wirkung auf das psychosoziale Funktionsniveau des Kindes"[30] aus. Am Fall der Geschwister behinderter Kinder zeigt sich eine erhöhte Vulnerabilität beispielsweise dann, wenn zur bestehenden häuslichen und familiären Belastungssituation der Heranwachsenden erschwerend die Trennung der Eltern oder der Tod des beeinträchtigten Kindes mit den daraus resultierenden Folgen hinzukommt. Das belastet die Kinder noch

---

[27] Wustmann 2004: 28.

[28] Vgl. Retzlaff 2010: 93-94.

[29] Vgl. Ebd.: 30-31.

[30] Wustmann 2004: 31.

zusätzlich.[31] Insofern bedürfen veränderte Risikofaktoren veränderter Schutzfaktoren[32], die mit der Entwicklung von Resilienz entgegenwirkende Verhaltensweisen und Eigenschaften schulen, um an widrigen Lebensumständen nicht zu zerbrechen. Die Betrachtung dieser beiden Aspekte, welche aufgrund einer veränderten Sichtweise als konzeptionelle Grundlage der Resilienzforschung gelten und auf aussagekräftigen Forschungsergebnissen basieren, erfolgt im nächsten Kapitel.

2.2.2 Resilienzforschung – Neue Sichtweisen

Was gibt Kindern, welche unter widrigen Bedingungen aufwachsen, die Kraft diese nicht nur zu überstehen, sondern letztlich auch noch gestärkt aus ihnen hervorzugehen? Diese Frage beschäftigt die Resilienzforschung als ein relativ junges Forschungsgebiet und sie gelangt zunehmend zu der Erkenntnis, dass ein dynamisches Zusammenspiel interner sowie externer Risiko- und Schutzfaktoren die kindliche Entwicklung maßgeblich beeinflussen[33] und das Auftreten psychischer Erkrankungen begünstigen oder verhindern.[34] Vergangene psychologische Behauptungen, dass alle Menschen aufgrund belastender Kindheitserinnerungen lebenslang unter diesen zu leiden haben und somit zwangsläufig in ihrer Entwicklung beeinträchtigt sind, konnten durch neue empirische Forschungen widerlegt werden.[35]

Eine der ersten Längsschnittstudien führte die als Pionierin der Resilienzforschung bezeichnete Entwicklungspsychologin Emmy Werner gemeinsam mit Ruth S. Smith bereits im Jahre 1955 durch. Auf der hawaiianischen Insel Kauai beobachtete sie über 40 Jahre fast 700 Kinder in ihrer Entwicklung von der Geburt bis ins Erwachsenenalter und stellte fest, dass trotz erlebter Widrigkeiten rund ein Drittel dieser positive Entwicklungsergebnisse verzeichnen konnten und über eine optimistische und verantwortungsvolle Lebenseinstellung verfügten.[36]

Der Einzug der Resilienzforschung in Deutschland erfolgte erst in den späten achtziger Jahren und unterlag der Beeinflussung durch das Salutogenesekonzept

---

[31] Vgl. Grünzinger 2005: 59.
[32] Vgl. Ebd.: 30.
[33] Vgl. Brooks/Goldstein 2009: 16.
[34] Vgl. Fröhlich-Gildhoff/Rönnau-Böse 2009: 28.
[35] Vgl. Wolter 2005: 299.
[36] Vgl. Fröhlich-Gildhoff/Rönnau-Böse 2009: 15-16.

von Aaron Antonovsky (1993), welches die Hintergründe für die „Entstehungs- und Erhaltungsbedingungen von Gesundheit"[37] erforscht. Gleichsam besteht beim Resilienz- wie auch beim Salutogenesekonzept die Annahme, dass der Mensch über Ressourcen und Schutzfaktoren zur Bewältigung widriger Lebenslagen verfügt. Mit Bezug auf die neuartige Betrachtungsweise Antonovskys zur Gesundheitsförderung und -erhaltung gehören Stressfaktoren zum Leben eines jeden Menschen, die es zu überwinden gilt, um somit einen Lern- und Entwicklungsprozess zu unterstützen. Die Konzentration auf gesundheitserhaltende Faktoren soll dem Menschen einen erfolgreichen Umgang mit Risiken im Laufe seines Lebens ermöglichen.[38] Ausgehend von den personellen Ressourcen eines Menschen entwickelte Antonovsky daraus das für die Resilienzforschung prägende Gefühl der Kohärenz, welches sich als das „Wahrnehmungs- und Beurteilungsmuster einer Person [versteht] — eine Grundhaltung sich dem Leben und seinen Herausforderungen gewachsen zu fühlen und einen Sinn darin zu sehen, die Anforderungen zu bewältigen"[39].

In vielen weiteren Studien Deutschlands, wie beispielsweise der Mannheimer Risikokinderstudie und der Bielefelder Invulnerabilitätsstudie Ende der achtziger Jahre, wurden Kinder in ihrer psychischen Widerstandskraft unter schwierigen Lebensverhältnissen untersucht und gaben gezielt Aufschluss über Schutzfaktoren. Aufgrund dieser Resultate konnten die Ergebnisse aus der Kauai- Studie weiter bestätigt werden.[40]

Angesichts fundierter Forschungsberichte zu Resilienz wird angenommen, dass Kinder selbst für ihr derzeitiges Wohlergehen sorgen können.[41] In diesem Zusammenhang einer neuen Sichtweise sucht die Resilienzforschung gezielt nach besonderen Potenzialen, Fähigkeiten und Ressourcen des Kindes, welche die ‚kindliche Funktionsfähigkeit' bewahrt oder wiederherstellt und benennt folgende Aspekte[42]:

Zum einen richtet sich der Blickwinkel auf die Bewältigung von Risikobedingungen und -situationen im Sinne einer primären Präventionen, welche so früh

---

[37] Ebd.: 86.
[38] Vgl. Kormann 2009: 190-191.
[39] Fröhlich-Gildhoff/Rönnau-Böse 2009: 28.
[40] Vgl. Brandl 2010: 26.
[41] Vgl. Zander 2008: 16.
[42] Vgl. Brandl 2010: 26.

wie möglich einsetzen sollte, um den Geschwistern behinderter Kinder Bewältigungsstrategien bei ihren zum Teil schwierigen Lebensumständen zu vermitteln, damit sie diese zur Stärkung ihrer eigenen Persönlichkeit nutzen können. Ein weiterer Aspekt der neuen Blickrichtung stellt die ressourcenorientierte anstelle der defizitären Betrachtung des Menschen in den Vordergrund und rückt somit zunehmend die Ressourcen dieser Kinder in den Fokus.[43] Angesichts dieses Perspektivenwandels ändern sich die Herangehens- und Umgangsweise bei problematischen Situationen sowie die Förder- und Lösungsstrategien.

Obgleich in der Resilienzforschung Einigkeit darüber besteht, dass Kinder nicht unentwegt aus eigenem Willen über resiliente Eigenschaften verfügen und dementsprechend auf geeignete Unterstützung aus ihrem sozialen Umkreis angewiesen sind, vertritt sie als weiteren Aspekt dennoch die „Sichtweise vom Kind als aktiven Bewältiger und Mitgestalter seines eigenen Lebens"[44].

Alle Forschungsuntersuchungen haben gemein, dass es einem großen Teil der beobachteten Kinder trotz risikoreicher Lebensumstände gelang, Resilienz zu entwickeln. Der Grund dafür waren verschiedene Schutzfaktoren, welche im Verlauf der Entwicklung miteinander interagieren und sich gegenseitig verstärken. Die Ergebnisse der Studien, welche genaue Bestimmungen und Zuweisungen von Risiko- und Schutzfaktoren enthielten, sind für die Resilienzförderung von erheblicher Bedeutung, da sie präventiv zur Entwicklung resilienter Eigenschaften bedürftiger Kinder ihren Beitrag leisten und somit eine optimale Entwicklung für diese vorbereiten.

2.3 Schutz- und Risikofaktoren

Aufgrund der vorrangegangen Schilderungen zur neuen Sichtweise des kindlichen Entwicklungsprozesses und damit verbundener aufschlussreicher Forschungsergebnisse entstanden das Risiko- und Schutzfaktorenkonzept inbegriffen verschiedener Faktoren. Diese Beiden als zentrale Begriffe der Resilienzforschung bezeichnet sind sehr bedeutend, weil auf ihren Konzepten die Entwicklung des Resilienz Gedankens basiert. Risiko- wie auch Schutzfaktoren sollten grundsätzlich in ihrer spezifischen Beziehung zueinander beurteilt werden, da sie im selben Maße die Basis für die Ausbildung resilienten Verhaltens bilden.[45]

---

[43] Vgl. Ebd.: 68-69.
[44] Ebd.: 68-69.
[45] Vgl. Zander 2008: 30.

Für die vorliegende Thematik der Arbeit sind die genaue Erkennung und Zuschreibung der risikoerhöhenden oder -senkenden Faktoren von erheblicher Bedeutung, da sie zum einen im ungünstigsten Fall die Ursache psychischer Störungen, zum anderen aber auch die mildernden Auswirkungen auf mögliche Belastungen der Geschwister behinderter Kinder verdeutlichen. Außerdem sind diese Faktoren grundlegend für Präventionsansätze zur Förderung resilienter Eigenschaften der Kinder.[46] In der Interaktion mit den Kindern gilt es zudem, das „Alter, Geschlecht und den kulturellen Hintergrund"[47] zu bedenken, da diese sich in der folgenden Entwicklung entscheidend verändern. So kann eine ehemals enge Mutter-Kind-Bindung im Schulalter als durchaus störend von dem Kind empfunden werden und dessen Konfliktfähigkeit sowie Selbstbestimmung behindern. Auch bei der Betrachtung der Geschlechter wird deutlich, dass sich schützende Faktoren von Jungen mit Unabhängigkeit und von Mädchen mit sozialen Kontakten assoziieren lassen.[48]

Je früher einem Kind interne sowie externe Ressourcen zur Verfügung stehen und es in widrigen Lebenslagen darauf zurückgreifen kann, desto höher ist die Wahrscheinlichkeit die Fähigkeit der Resilienz aufzuweisen. Zu bedenken gilt, dass sich die Wirkmechanismen der Faktoren gegenseitig bedingen und bei jedem Kind unterschiedlich ausgeprägt sind.[49]

Die nachstehenden Ausführungen definieren die Begriffe Risiko- und Schutzfaktoren und betrachten deren Zusammenwirken auf die kindliche Entwicklung, wobei vorerst die Kriterien und der Einfluss risikoerhöhender Faktoren zum Erreichen einer besseren Annäherung an das Schutzfaktorenkonzept dargestellt werden.

2.3.1 Risikofaktoren

Als Risikofaktoren werden „krankheitsbegünstigende, risikoerhöhende und entwicklungshemmende Merkmale definiert, von denen potenziell eine Gefährdung der gesunden Entwicklung des Kindes ausgeht"[50]. Dennoch bilden nicht einzelne Risiken, sondern deren Anhäufung die Ursache für eine psychische Dysfunktionalität im kindlichen Entwicklungsprozess und selbst das nicht mit

---

[46] Vgl. Fröhlich-Gildhoff/Rönnau-Böse 2009: 19.
[47] Ebd.: 30.
[48] Vgl. Ebd.: 30.
[49] Vgl. Zander 2009: 12.
[50] Fröhlich-Gildhoff/Rönnau-Böse 2009: 20.

der Garantie eines negativen Entwicklungsergebnisses.[51] Diese Aussage verweist letztendlich darauf, dass sich Risiken oftmals „erst in Abhängigkeit von der Abwesenheit weiterer Faktoren"[52], welche schützend wirken sollen, durchsetzen. Je früher ein Kind mit auftretenden Risikofaktoren belastet wird, desto wahrscheinlicher könnte dessen psychosoziale Entwicklung beeinträchtigt sein. Besonders bei einer dauerhaften Belastung als Geschwister eines behinderten Kindes, kann sich die Chance auf eine gute Resilienz verringern.[53] Aufgrund eines frühzeitigen und umfassenden Auftretens von Risikofaktoren und deren gegenseitiger Verstärkung, erhöht sich zunehmend die Wahrscheinlichkeit einer kindlichen Entwicklungsstörung. In Bezug darauf können sich die Anhäufung oder gar die gleichzeitige Verbindung von Risikofaktoren wie beispielsweise Geschwister mit Behinderung, eine stete familiäre Disharmonie, die elterliche Trennung oder die soziale Isolation besonders negativ auf die Entwicklung der gesunden Kinder auswirken.[54]

Die Kategorisierung der Risikofaktoren erfolgt durch die Autoren je nach verwendeter Literatur in einer unterschiedlichen Vorgehensweise. Wustmann unternimmt die Einteilung in biologische, psychologische und psychosoziale Risikofaktoren.[55] Dagegen beschreiben die Autoren Fröhlich-Gildhoff und Rönnau-Böse zum einen die „kindbezogenen Vulnerabilitätsfaktoren"[56], welche biologische und psychologische Merkmale des Kindes beinhalten. Zum anderen beziehen sich die letztgenannten Autoren auf die psychosozialen Faktoren, welche „in der psychosozialen Umwelt eines Kindes entstehen"[57], beispielsweise der Einfluss durch die Familie und die Freunde. Die erstgenannten strukturell gegebenen Merkmale, zu denen beispielsweise genetische Faktoren zählen, können weder vom Kind noch von dessen Umwelt verändert werden, weshalb sie für den weiteren Verlauf der Ausführungen keine Rolle spielen werden. Zu den psychosozialen Faktoren verdeutlichen viele Studien, dass die psychosozialen Risikofaktoren eine erheblich größere Einwirkung auf die kindliche Entwicklung ha-

---

[51] Vgl. Opp/Fingerle 2007: 13f.
[52] Opp/ Fingerle 2007: 14.
[53] Vgl. Wustmann 2004: 18.
[54] Vgl. Brandl 2010: 17f.
[55] Vgl. Wustmann 2004: 18.
[56] Fröhlich-Gildhoff/Rönnau-Böse 2009: 20.
[57] Ebd.: 20.

ben, als Vulnerabilitätsfaktoren, die anhand theoretischer Annahmen mit fortschreitendem Alter des Kindes immer mehr an Bedeutung verlieren.[58]

Im Gegensatz zu den Vulnerabilitätsfaktoren sind die psychosozialen Risikofaktoren veränderbar, da insbesondere die Familie und die direkte Umgebung einen entscheidenden Einfluss auf die Entwicklung und Entfaltung des Kindes nehmen können. In diesem Zusammenhang werden diskrete und kontinuierliche Faktoren unterschieden.

Als diskrete Risikofaktoren werden plötzlich und zeitlich begrenzte Ereignisse bezeichnet, wie z. B. die Scheidung der Eltern oder der Tod eines Elternteiles. Dagegen wirken sich die kontinuierlichen Risikofaktoren, welche sich über einen längeren Zeitraum erstrecken und denen Kinder einflusslos gegenüberstehen besonders ungünstig für diese aus.[59] An dieser Stelle besteht gerade für die Kinder behinderter Geschwister die Möglichkeit durch gezielte Interventionen, wie beispielsweise die professionelle Beratung der Eltern, eine positive Entwicklung zu unterstützen. Allerdings setzt das ein ausreichendes Problembewusstsein der Eltern voraus.[60]

So ist letztendlich zu vermuten, dass ein ungünstiger Erlebnisprozess verbunden mit seinen möglichen Folgen das eigentliche Risikopotenzial für die Geschwister beeinträchtigter Kinder darstellt. Das bedeutet, nicht die Behinderung als Fakt, sondern letztlich der Umgang und das Selbstverständnis dieser Tatsache sowie einhergehende elterliche Konflikte mit zu erwartenden Auswirkungen auf die Eltern-Kind-Beziehung.

2.3.2 Schutzfaktoren

Selbst wenn noch nicht eindeutig geklärt ist, welche Wirkmechanismen den Schutzfaktoren zugrunde liegen, belegen Ergebnisse verschiedener Studien weitgehend übereinstimmend, dass die Existenz von Schutzfaktoren genauso bedeutungsvoll ist, wie die Vermeidung und Verringerung von Risikofaktoren in Form primärer Prävention.[61] Insofern verfügen Schutzfaktoren über Merkmale, „die das Auftreten einer psychischen Störung oder einer unangepassten Entwicklung verhindern oder abmildern sowie die Wahrscheinlichkeit einer positi-

---

[58] Vgl. Ebd.: 20-21.

[59] Vgl. Brandl 2010: 18-19.

[60] Vgl. Fröhlich-Gildhoff/Rönnau-Böse 2009: 23.

[61] Vgl. Sturzbecher/Dietrich 2007: 14.

ven Entwicklung erhöhen."[62] Dennoch werden diese im Sinne eines „Puffereffektes"[63] erst dann wirksam, wenn eine positive kindliche Entwicklung gefährdet ist.[64] Das Vorhandensein anderer Faktoren, welche die Entwicklung der Kinder positiv, jedoch ohne gefährdenden Hintergrund, beeinflussen gelten lediglich als entwicklungsfördernd.[65]

Neben ihrer schützenden Funktion vor Beeinträchtigungen fördern Schutzfaktoren überdies die Interaktion zwischen Kind und Umwelt, wobei daraus gewonnene Erfahrungen die eigenen Handlungsmuster beeinflussen und sich somit schützend auf die kindliche Entwicklung auswirken können. Außerdem gewinnen die Kinder anhand positiv erlebter Bewältigungsmechanismen an Selbstbewusstsein, auf das sie bei erneut auftretenden Risiken zurückgreifen können.[66] Auch wenn die Schutzfaktoren Störungen in den Lebenswelten der Kinder nicht aufheben, so gelingt ihnen doch damit die Entwicklung effektiver Strategien, um in risikoreichen Situationen abwehrbereit zu sein.[67]

In der Fachliteratur unterteilen sich Schutzfaktoren in unterschiedliche Kategorien. Mit Bezug auf Wustmanns Einteilung (2004) werden Schutzfaktoren in personale bzw. interne und soziale bzw. externe Ressourcen aufgegliedert, wobei sich erstere auf nicht veränderbare Merkmale, wie z. B. weibliches Geschlecht, erstgeborenes Kind oder positive Temperamentseigenschaften beziehen. Aufgrund der besonders „schützenden Wirkung"[68] für die Kinder bezieht sie in die personalen auch die resilienten Ressourcen mit ein. Angesichts der außerordentlichen Bedeutung, die die Resilienzfaktoren für eine optimale psychosoziale Entwicklung haben, werden diese eigens in einem nachfolgenden Abschnitt aufgeführt.

Des Weiteren benötigen die Kinder zur Abwendung von Risikoeinflüssen externe Schutzfaktoren, welche als soziale Ressourcen bezeichnet werden und die „aktuell verfügbaren Potenziale"[69] beinhalten. Zu den bedeutenden Faktoren

---

[62] Rutter 1990; zit. nach: Fröhlich-Gildhoff/Rönnau-Böse 2009: 27.
[63] Laucht 1999: 308.
[64] Vgl. Sturzbecher/Dietrich 2007: 14.
[65] Vgl. Wustmann 2004: 45.
[66] Vgl. Wustmann 2004: 46.
[67] Vgl. Zander 2008: 38.
[68] Fröhlich-Gildhoff/Rönnau-Böse 2009: 40.
[69] Sturzbecher/Dietrich 2007: 14.

dieser sozialen Ressourcen gehören unter anderem „mindestens eine stabile Bezugsperson, emotional/positives und strukturierendes Erziehungsverhalten, familiärer Zusammenhalt, hohes Bildungsniveau der Eltern, hoher sozioökonomischer Status"[70]. Zudem nehmen die Bildungsinstitutionen einen bisher unerwartet hohen Stellenwert für die Beeinflussung der kindlichen Entwicklung ein.[71] In diesem Zusammenhang ist insbesondere die Förderung „positiver Peerkontakte"[72] für die Kinder behinderter Geschwister von enormer Relevanz, da diese oftmals in ihrem sozialen Umfeld eingeschränkt sind.

Es ist ersichtlich, über welche Ressourcen ein Kind selbst verfügen kann bzw. welche extern unterstützend auf dieses wirken können. Im Sinne eines „Puffereffektes"[73] ist die Existenz einer verlässlichen Bezugsperson im Umfeld eines nichtbeeinträchtigten Kindes, das ansonsten in einer schwierigen Lebenssituation heranwächst, bereits als bedeutender Schutzfaktor zu bezeichnen. Deutlich ist, dass immer noch deutliche Bewusstseinsdefizite im familiären wie sozialen Umfeld bestehen, um die Macht ihres Einflusses auf eine positive Entwicklung der unbeeinträchtigten Kinder zu verstehen und dieser gerecht zu werden.

Mit noch intensiverer Erforschung und Umsetzung in die Praxis könnte das Schutzfaktorenkonzept vermutlich weitere gewinnbringende Anregungen und Entwürfe zur Gestaltung pädagogischer Präventions- und Interaktionsmaßnahmen hervorbringen.

2.3.3 Zusammenwirken von Risiko- und Schutzfaktoren

Risiko- und Schutzfaktoren unterliegen einem wechselseitigen Prozess. Dennoch würde man bei einer gegenseitigen Aufrechnung beider keine ausgleichende Wirkung erzielen. Vielmehr könnten fehlende Schutzfaktoren als Risikofaktor gewertet werden. Da sich das Zusammentreffen von Risiko- und Schutzfaktoren unterschiedlich auf die kindliche Entwicklung auswirkt, unterteilt Wustmann diese in vier Resilienzmodelle.[74] In Verbindung mit Beispielen dienen sie der Veranschaulichung unterschiedlicher Einflussvarianten auf die Entwicklung von Geschwistern behinderter Kinder.

---

[70] Zander 2008: 39.

[71] Vgl. Zander.: 39.

[72] Zander 2008: 39. Peers sind Gleichaltrige bzw. Gleichgesinnte, an denen sich ein Kind orientiert.

[73] Laucht 1999: 308.

[74] Vgl. Wustmann 2004: 96.

Das *Kompensationsmodell* weist noch einmal speziell auf den gegenseitigen Ausgleich zwischen Risiko- und Schutzfaktoren hin. Die Wirkung von Risikofaktoren soll durch das Vorhandensein und den Einfluss schützender Faktoren aufgehoben werden. So könnten beispielsweise Kinder behinderter Geschwister in für sie als schwierig empfundenen Situationen diese durch harmonische Familienverhältnisse oder auch verbindliche Freundschaften ausgleichen.[75] Zudem würde sich an dieser Stelle eine sichere Eltern-Kind-Bindung als ausgesprochen bedeutend erweisen, da sie Stabilität und Sicherheit bietet und das Selbstbewusstsein dieser Kinder stärkt.[76]

Das *Herausforderungsmodell* beinhaltet die unterschiedliche Herangehensweise der Kinder an die Bewältigung schwieriger Lebensumstände. So sind einige Geschwister behinderter Kinder mit der häuslichen Situation überfordert, wogegen andere diese als Herausforderung ansehen. Bei den Letzteren haben sich schon resiliente Merkmale und neue Bewältigungsstrategien als hinzugewonnene Ressourcen herausgebildet. Dennoch müssen Entwicklungsaufgaben als zu bewältigende Herausforderungen verstanden werden, welche die Kinder in einer positiven Entwicklung bestärken.[77]

Beim *Interaktionsmodell* betrachtet man den Schutzfaktor erst bei einer erhöhten Risikolage als wirkungsvoll, da es dessen schützende Funktion ist, belastende Lebenssituationen zu mildern oder völlig zu verhindern. Durch die Interaktion des Schutzfaktors mit dem Risikofaktor erfolgt eine direkte positive Beeinflussung dessen und somit auch indirekt auf die kindliche Entwicklung.[78] Aufgrund der zum Teil angespannten familiären Situation mit einem behinderten Kind sind die Eltern oftmals so sehr belastet, so dass sie kaum noch die Bedürfnisse eines gesunden Kindes wahrnehmen. Durch die Interaktion mit außenstehenden Personen, wie Freunden, Lehrern oder auch anderen professionellen Fachkräften könnten die Wünsche und Forderungen der Kinder Unterstützung finden.

Im *Kumulationsmodell* wird die die Ansicht vertreten, dass eine Anhäufung von Schutzfaktoren die Wahrscheinlichkeit einer positiven Entwicklung erhöht. In der umgekehrten Form verhält es sich mit den Risikofaktoren, denn treten mehrere dieser konzentriert auf, vervielfältigt sich deren Wirkung. Folglich haben

---

[75] Vgl. Fröhlich-Gildhoff/Rönnau-Böse 2009: 36.

[76] Vgl. Wustmann 2004: 109.

[77] Vgl. Fröhlich-Gildhoff/Rönnau-Böse 2009: 37.

[78] Vgl. Ebd.: 37.

Kinder, die aus einer Vielzahl von personalen und sozialen Ressourcen schöpfen können, bessere Entwicklungschancen als andere, die über keine oder nur wenige Schutzfaktoren verfügen und somit der widrigen Lage schutzlos gegenüberstehen.[79] Eine komprimierte Situation zu bewältigender Anforderungen wäre im Fall der Geschwister von behinderten Kindern die familiär belastende Lage, eine Scheidung der Eltern, ein damit verbundener Umzug und Schulwechsel sowie ein implizierter Verlust des sozialen Umfeldes. Diese Kumulation könnte bei unzureichender Anzahl schützender Faktoren zu psychischen Störungen der Kinder führen.[80] An diesem Punkt bedarf es umgehend gezielter pädagogischer und therapeutischer Interventionen.

Diese unterschiedlichen Resilienzmodelle verdeutlichen neben den vielfältigen Wirkmechanismen der Risiko- und Schutzfaktoren zueinander auch deren Einflussnahme auf die kindliche Entwicklung. Zweifellos kann festgestellt werden, dass ein Mangel an Schutzfaktoren „ein Störungspotential darstellt."[81] Je nach Entwicklungsphase, in der sich die Kinder gerade befinden, ändert sich das Verhältnis von Risiko- und Schutzfaktoren.[82] Bedeutend sind in diesem Zusammenhang die Resilienzfaktoren, die einen präventiven Einfluss für eine optimale psychosoziale Entwicklung der Kinder haben. Aus diesem Grund befassen sich die folgenden Ausführungen eigens mit den Resilienzfaktoren.

2.3.4 Resilienzfaktoren

„Resilienzfaktoren sind Eigenschaften, die das Kind in der Interaktion mit der Umwelt sowie durch die erfolgreiche Bewältigung von altersspezifischen Entwicklungsaufgaben im Verlauf erwirbt."[83] Diese Faktoren übernehmen eine bedeutende Aufgabe, wenn es darum geht „die Widerstandskraft von Kindern gegenüber Belastungen [zu] stärken und die Bewältigungsfähigkeit von Krisensituationen [zu] verbessern."[84] Resiliente Kinder verfügen u. a. über ein positives Selbstwertgefühl, diverse Bewältigungsstrategien, Kommunikations- und Koo-

---

[79] Vgl. Wustmann 2004: 61.

[80] Vgl. Fröhlich-Gildhoff/Rönnau-Böse 2009: 37.

[81] Wustmann 2004: 44.

[82] Vgl. Ebd.: 38.

[83] Ebd.: 46.

[84] Fröhlich-Gildhoff/Rönnau-Böse 2009: 40.

perationsfähigkeiten, einen guten Freundeskreis und Hobbys, um diese zur Bewältigung in Risikolagen einzusetzen.[85]

In der Literatur auch als Merkmale von Widerstandsfähigkeit von Kindern zu finden, unterteilen sich die schützenden Faktoren in die folgenden Überbegriffe: Selbstwahrnehmung, Selbststeuerung, Selbstwirksamkeit, soziale Kompetenz, Umgang mit Stress und Lösen von Problemen.[86] Resilienzförderung berücksichtigt diese Ebenen, indem sie ihren Beitrag zu einer optimalen Bewältigung von Entwicklungsaufgaben leistet.[87] Auch wenn im Folgenden von resilienten Kindern geredet wird, so ist dieser Terminus nicht generell korrekt, da Resilienz keine Charaktereigenschaft ist, sondern eine erworbene Fähigkeit, welche immer wieder unter Beweis gestellt werden muss.[88]

Zur *Selbstwahrnehmung* resilienter Kinder gehören hauptsächlich die angemessene Artikulation ihrer Gefühle und die Erkennung und Einordnung eigener und fremder Stimmungen. Hinzu kommt die Fähigkeit der Kinder, diese Gefühle zu reflektieren wie auch in Bezug zu anderen zu setzen. Im Rahmen der *Selbststeuerung* gelingt es resilienten Kindern eigenständig ihre Gefühle und Stimmungen zu regulieren und zu steuern. Unterstützend wirkt hier eine harmonische Eltern-Kind-Beziehung, in welcher das Kind die Möglichkeit hat über seine Emotionen zu reden und ihm Alternativen bei Stimmungsschwankungen aufgezeigt werden.[89]

Der Fokus der *Selbstwirksamkeit* ist auf das Vertrauen und die Überzeugung in die eigenen Fähigkeiten gerichtet, Ziele entgegen aller Widerstände zu erreichen. Resiliente Kinder nehmen schwierige Aufgaben als Herausforderung an. Zudem gelingt es ihnen ihre Handlungserfahrungen auf andere Situationen zu übertragen, um für zukünftige Barrieren immer wieder auf sie zurückgreifen zu können.[90]

Die *soziale Kompetenz* nimmt einen besonderen Stellenwert in der Resilienzforschung ein, da es Kindern zunehmend schwerer fällt mit ihresgleichen Kontakt aufzunehmen. Ferner finden „Auseinandersetzungen mit Gleich-

---

[85] Vgl. Wustmann 2004: 107.
[86] Vgl. Ebd.: 40-41.
[87] Vgl. Zander 2013: 9.
[88] Vgl. Ebd.: 4.
[89] Vgl. Fröhlich-Gildhoff/Rönnau-Böse 2009: 43-45.
[90] Vgl. Sturzbecher/Dietrich 2007: 19.

altrigen [auch] innerhalb der Familie eher seltener statt."[91] Oftmals ist bei Kindern mit behinderten Geschwistern der Austausch sozialer Kompetenzen sehr eingeschränkt. Insofern haben besonders die Eltern vermehrt die Pflicht, ihren Kindern soziale Kompetenzen und Kontakte zu vermitteln.[92] Vermutlich ist diese Aufgabe nicht immer leicht, wenn zudem noch beide Elternteile berufstätig sind und die verbleibende Zeit die belastende Familiensituation vereinnahmt.

Resiliente Kinder verfügen über soziale Kompetenzen, da sie in der Lage sind mit anderen Menschen in Kontakt zu treten und an bedeutsamen Aspekten des Lebens teilhaben.

Beim *Umgang mit Stress* entwickelt jedes Kind strategisch andere Auflösungsmethoden. Resiliente Kinder sind mit diesen Situationen jedoch nicht überfordert. Sie sind in der Lage Probleme einzuschätzen, sie mit Hilfe von Bewältigungsstrategien zu lösen und rückblickend zu bewerten.[93]

Das erfolgreiche *Lösen von Problemen* erfordert neben „Entdeckungs- und Zielfindungskompetenzen, auch Planungs-, Entscheidungs- und Handlungskompetenzen"[94] der Kinder. Resiliente Kinder verfügen über diese Kompetenzen, um unterschiedliche Lösungsmöglichkeiten zu entwickeln.

Das bedeutet auch, dass nicht generell ein behindertes Geschwister Förderbedarf für die nichtbeeinträchtigten Kinder impliziert. Im Fokus stehen hier insbesondere Kinder, „deren ‚gesunde' Entwicklung in besonderem Maße von Risiken bedroht ist"[95].

Resilienz ist somit eine aktive Bewältigungsform mit der es Kindern durch individuelle, eigene Kräfte und äußere Ressourcen gelingt „negative Einflüsse auszugleichen und gleichzeitig neue Kompetenzen zu erwerben"[96]. So sind im Sinne einer Resilienzförderung bedürftiger Kinder neben den Merkmalen der inneren Stärke auch die äußeren Unterstützungsformen inbegriffen des familiären Umfeldes zu betrachten, um einen Handlungsbedarf zu ermitteln. Dies soll in den anschließenden Ausführungen erfolgen.

---

[91] Richter/Zartler 2008: 43.

[92] Vgl. Ebd.: 43-44.

[93] Vgl. Fröhlich-Gildhoff/Rönnau-Böse 2009: 52.

[94] Ebd.: 53.

[95] Zander 2013: 5.

[96] Sturzbecher/Dietrich 2007: 8.

3 Intrafamiliäre Beziehungen

Für die Beantwortung der vorliegenden Fragestellungen dieser Arbeit sind die folgenden Ausführungen insofern relevant, als dass die Geschwisterproblematik in die familiären Prozesse eingebettet ist und zudem die Merkmale sowie den Vergleich einer klassischen Geschwisterbeziehung impliziert.[97] Außerdem ist die Betrachtung der Familiensituation im Kontext der Entwicklung der nicht behinderten Kinder notwendig, da die Familie für sie die primäre und grundlegende Sozialisationsinstanz darstellt, in welcher die Persönlichkeit geformt wird und die elementaren Regeln der Gesellschaft sowie Kompetenzen zur Bewältigung jeglicher Risiken vermittelt werden.[98]

3.1 Klassische Geschwisterbeziehung

Trotz der indessen unverkennbaren Bedeutung von Geschwisterbeziehungen für die individuelle Identitätsentwicklung wurde ihr bis vor kurzem kaum Beachtung beigemessen. Das psychologische Interesse bezog sich bisher primär auf den Erkenntnisgewinn zur Mutter-Kind-Beziehung, so dass die Geschwisterkinder in diesem Rahmen lediglich als Rivalen wahrgenommen wurden.[99] Demzufolge wurde diese Art des Zusammenlebens auch als „soziales Trainingscamp"[100] bezeichnet. Mit einem Exkurs in die Forschungsprojekte wird deutlich, dass in der Vergangenheit zahlreiche Studien den Zusammenhang der Geschwisterkonstellation auf die Persönlichkeitsentwicklung statistisch untersuchten. Die Ergebnisse dieser Zusammenhangsberechnungen waren zumeist sehr widersprüchlich, enthielten keine theoretischen Konzepte und entsprangen willkürlicher Interpretationen.[101] Der österreichische Psychologe Alfred Adler vertrat in den 30er Jahren als einer der Ersten die Ansicht, dass die menschliche Persönlichkeit dadurch geprägt wurde, welchen Platz man in der Geschwisterreihe einnahm.[102] Nach diesen Pionierarbeiten Adlers gab es lange Zeit wenig neue Forschungsaktivitäten zu diesem Thema, obwohl in der Literatur weiterhin diskutiert wurde und bis heute wird, welche Auswirkungen die Geschwister-

---

[97] Vgl. Hackenberg 1992: 29.
[98] Vgl. Hackenberg 2008: 42.
[99] Vgl. Hornung 2010: 23.
[100] Achilles 2002: 18.
[101] Vgl. Kasten 2003: 41.
[102] Vgl. Hackenberg 1992: 30.

konstellationen, wie Anzahl, Geschlechterfolge, Altersabstand usw., auf die Persönlichkeitsentfaltung der Kinder haben.[103]

Mit der 1983 publizierten Monographie ‚Birth Order' von Ernst und Angst wurden Adlers Theorien scharf kritisiert, da ihrer Auffassung nach nicht die Geschwisterposition, sondern die damit verbundenen Prozesse und Wechselwirkungen bestimmen, welche Persönlichkeitseigenschaften sich herausbilden. Zudem erkannten sie, dass neben den Eltern auch andere Bezugspersonen, wie die Geschwister, einen prägenden Einfluss auf die Persönlichkeitsentwicklung der Kinder haben können.[104] Diese Erkenntnisse werden durch die neuesten Forschungsergebnisse bestätigt, die im Rahmen der Persönlichkeitsentwicklung der Qualität der Geschwisterbindung hohe Bedeutung beimisst.

Durch das Hinzukommen von Geschwistern entsteht ein Subsystem, in dem „wechselseitige Erziehungs- und Sozialisierungsprozesse stattfinden"[105] und welches nicht nur die Eltern-Kind-Beziehung, sondern auch die Beziehung der Eltern zueinander verändert. Dennoch wird die Familie als System betrachtet, in welchem alle Familienmitglieder voneinander abhängig sind.[106]

Im Vergleich mit anderen zwischenmenschlichen Beziehungen weisen Geschwisterbeziehungen besondere Merkmale auf. Sie sind in der Regel die längsten menschlichen Bindungen und einzigartig, da sie zeitlich betrachtet alle anderen wichtigen zwischenmenschlichen Verbindungen übertreffen. Weiterhin teilen sie vielseitige Faktoren, wie gemeinsame frühe Erfahrungen, ihr genetisches Erbgut und kulturelles Gesellschaftsumfeld und unterscheiden sich somit deutlich von anderen Beziehungen.[107] Durch die Existenz eines Geschwisters, unabhängig davon, ob das Miteinander positive oder negative Ausprägungen hat, verwirklicht sich das Gefühl einer vertrauten Präsenz. Da diese Beziehung ohne eigene Einflussnahme besteht, ist sie vermutlich auch kennzeichnend für „das gleichzeitige Vorhandensein von Zuneigung und Abneigung, Verbundenheit und Abgrenzung, Hilfe/Unterstützung und Rivalität/Feindseligkeit; Nähe und Distanz, Liebe und Hass."[108] Diese ambivalenten Dimensionen sind in ihrer Ge-

---

[103] Vgl. Hackenberg 1983: 87.

[104] Vgl. Kasten 2003: 42-43.

[105] Schneewind 1999: 453.

[106] Vgl. Grünzinger 2005: 2-3.

[107] Vgl. Hackenberg 2008: 13.

[108] Kasten 2003: 152.

samtheit zwar nicht verallgemeinerbar, jedoch finden sie breite Verwendung in Empirie und Literatur. Letztendlich hängt es von den Lebensumständen der Familie, der Persönlichkeit der Kinder und dem Verhalten der Eltern ab, wie sich Geschwisterbeziehungen entwickeln. Welche zwei Faktorengruppen diese beeinflussen, beschreiben Bank und Kahn:

Zu den äußeren Faktoren zählen u. a. die sozioökonomische Lebenssituation der Familie, soziale und familiäre Strukturen sowie die Rolle und Einstellung der Eltern hinsichtlich der Identität ihrer Kinder inbegriffen. Die inneren Faktoren sind schwer messbar, da es sich hierbei um tiefgreifende Gefühle handelt, die sich schon während der frühen Kindheit bilden. Oftmals zeigen sich diese in der Adoleszenz und im späteren Alter im Rahmen gemeinsamer Interaktionen.[109]

Welchen Einfluss diese Faktoren auf die Geschwisterbeziehung von Kindern mit behinderten Geschwistern nehmen, wird in den nachfolgenden Ausführungen beschrieben.

3.2 Familienleben mit einem behinderten Kind

Die folgenden Darlegungen, welche nicht allgemeingültig und zu pauschalisieren sind, vermitteln einen groben Einblick in eine Familiensituation mit behindertem Kind. Da jedoch die Familie für die Geschwister die primäre und grundlegende Sozialisationsinstanz ist, erscheint die Betrachtung der Familiensituation im Kontext der psychosozialen Entwicklung der nicht behinderten Kinder notwendig.

Nach Bekanntwerden der Diagnose eines behinderten Kindes, befinden sich die Eltern zunächst in einem emotionalen Schockzustand und ihre „Wunschbilder"[110] werden zerstört. Entgegen einiger Eltern, die in Hoffnungslosigkeit und tiefe Verzweiflung stürzen, wird bei anderen der Kampfgeist geweckt. Entscheidend ist, dass es weniger auf die Schwere der Behinderung ankommt, als auf die Einstellung zu dieser. Die Geburt eines behinderten Kindes, die Akzeptanz dessen und die vielen ungewohnten Anforderungen, welche die neue Situation hervorruft, stellen in den ersten Jahren dennoch die schwierigste Herausforderung für die Familienangehörigen dar.[111] Der Familienalltag ist durch unzählige Arzt- und Therapiebesuche sowie häufige Krankenhausaufenthalte und einem zumeist

---

[109] Vgl. Bank/Kahn 1998: 25f.

[110] Kriegl 1993: 18.

[111] Vgl. Badnjevic 2008: 11.

enormen Pflege, Kraft- und Zeitaufwand geprägt, wenn z. B. das betroffene Kind nicht alleine essen kann oder gewindelt werden muss.[112] Viele Eltern fühlen sich mehr als Co-Therapeuten und weniger als Eltern, da sie neben den unzähligen therapeutischen und medizinischen Verpflichtungen kaum Zeit und Sinn für die eigentliche Erziehung und die emotionalen Aspekte des Elternseins aufbringen können.[113]

So müssen die betroffenen Familien ihre Rollen im familiären Ablauf neu definieren. Oftmals gelingt das nicht oder es kommt zu einer eher traditionellen Rollenverteilung, in welcher der Vater die Ernährerfunktion einnimmt, da die Mutter die Pflege- und Betreuungspflichten erfüllt. In diesem Zusammenhang besteht das Risiko, dass sich eine Dyade[114] bildet, weil zwischen der Mutter und dem behindertem Kind eine besonders intensive und emotionale Zweierbeziehung entsteht, die wenig Raum für andere Emotionen oder gar ein gemeinsames Familienleben lässt. Infolge dessen richtet der Vater sein Interesse und seine Aufmerksamkeit auf das gesunde Kind und plant Aktivitäten getrennt von der Familie.[115] Häufig zerbrechen Ehen oder Beziehungen an dieser ständigen Belastung. Obwohl die Eltern aus struktureller und organisatorischer Sicht in der Lage gewesen wären, sich dieser neuen Lebenssituation anzupassen, versagt hier oftmals die emotionale Verarbeitung.[116] Erschwerend kommt hinzu, dass die Zeit für eigene Interessen nur begrenzt vorhanden ist. Selbst eine gemeinsame Freizeitgestaltung oder gar Reisen gestalten sich zumeist unspontan, da sie genau geplant werden müssen.[117]

Auch das meist geringe Haushaltseinkommen muss als nicht zu unterschätzende Belastung angesehen werden. Die wesentlichen Gründe liegen dabei in der materiellen Höherbelastung mit einem behinderten Kind sowie der eingeschränkten, oftmals aufgegebenen Erwerbstätigkeit der Mutter als Zweitverdiener. Unvorbereitet fühlen sich die Eltern in eine soziale Randgruppe gedrängt, welche ihr Selbstwertgefühl negativ beeinflusst. Grundsätzlich ist das nicht allein ein

---

[112] Vgl. Hackenberg 2008: 46.

[113] Vgl. Heckmann 2004: 48.

[114] Vgl. Stangl 2012: o. S.

[115] Vgl. Badnjevic 2008: 13.

[116] Vgl. Heckmann 2004: 48.

[117] Vgl. Heckmann 2004: 14.

familiäres Problem im Kontext des Faktes Behinderung, sondern auch eine Folge unzureichender sozialer und gesellschaftlicher Rahmenbedingungen.[118]

Ein behindertes Kind hat zudem Auswirkungen auf die sozialen Kontakte der Familie. Dies liegt beispielsweise daran, dass viele beeinträchtigte Kinder einen festen Tagesablauf brauchen, sie Veränderungen nicht akzeptieren oder stark verhaltensauffällig sind. Für die Familie und das gesunde Geschwister sind in solchen Situationen Reaktionen wie Unsicherheit, Verzweiflung, Enttäuschung und Gefühle von Ohnmacht und Beschämung keine Seltenheit. Oftmals zieht sich die Familie aufgrund dessen noch mehr zurück, was ein hohes Risiko impliziert, da sie sich somit den Zugang zu sozialen und unterstützenden Ressourcen versperren.[119]

All diese genannten Aspekte sind mit zeitlichen, wirtschaftlichen und emotionalen Belastungen verbunden, welche für alle Familienmitglieder insbesondere der gesunden Kinder ein erhöhtes Gefährdungspotential darstellen. Insofern erscheint es sehr wichtig, der Familie Bewältigungsstrategien zur Aktivierung und Förderung einer Widerstandsfähigkeit zu vermitteln. Aus diesem Grund ist die spezielle Geschwisterbeziehung von besonderem Erkenntnisinteresse für die vorliegende Thematik.

Im Folgenden wird der Forschungsstand analysiert und anschließend werden die Einflussfaktoren hervorgehoben, die sich auf die nichtbeeinträchtigten Kinder sowohl positiv wie auch negativ auswirken können.

3.3 Spezielle Geschwisterbeziehung

Für die Erforschung der Geschwisterbeziehungen sind methodisch vielschichtige Untersuchungen notwendig. Aus diesem Grund werden oftmals nur Teilbereiche in einzelnen empirischen Studien berücksichtigt.[120] Dennoch bezieht sich ein Fünftel aller Neuveröffentlichungen ausschließlich auf Geschwister behinderter Kinder, obgleich es sich zumeist um anwendungsorientierte Arbeiten praxisnaher Forscher handelt.[121] Neben den bedeutenden empirischen Studien Hackenbergs sind auch eine ganze Reihe praxisnaher Veröffentlichungen zu erwähnen, so z. B. von Achilles, Grünzinger, Haberthür und Winkelheide/Knees.

---

[118] Vgl. Ebd.: 46.
[119] Vgl. Ebd.: 40f.
[120] Vgl. Hackenberg 2008: 23.
[121] Vgl. Kasten 2003: 177.

Allerdings wurden in den letzten 30 Jahren hauptsächlich im englischsprachigen Raum empirische Geschwisterforschungen im Kontext der Behinderung verwirklicht, so dass die Forschungsergebnisse im deutschen Raum immer noch unzureichend sind.[122]

Grundsätzlich besteht in einer Vielzahl der Studien die Annahme, dass ein beeinträchtigtes Kind für alle Familienmitglieder ein kritisches Lebensereignis darstellt und unvermeidlich zu Belastung und erhöhten Entwicklungsrisiken der gesunden Kinder führt. Überdies fanden lange Zeit zusätzliche Einflussfaktoren wie z. B. sozioökonomische Verhältnisse, Schichtzugehörigkeit, Alter und Geschlecht sowie Familiengröße, obgleich ihrer umfassenden Bedeutung für die Entwicklung der unbeeinträchtigten Kinder, kaum Beachtung.[123] Dennoch fand hinsichtlich der Erforschung von Familien mit behinderten Kindern ein Umschwung statt, welcher neben einer defizitorientierten Sichtweite auch die gewinnbringende Perspektive einbezieht.[124] Im Mittelpunkt der neueren Ansätze werden die miteinander agierenden Personen aus systemischer Sichtweise unter Einbezug der inter- und extrafamiliären Bedingungen betrachtet. Bevorzugt wird hier nach anwendungsorientierten Konzepten gesucht, welche die Kinder bei der Stressbewältigung im Zusammenleben mit ihren behinderten Geschwistern unterstützen sollen. Dabei wird der Fokus oftmals zu wenig auf die innere und eigene positive Anpassungsleistung der nichtbeeinträchtigten Kinder gesetzt.[125] In der Regel werden zur Datenerhebung zumeist Fragebögen, strukturierte Interviews oder psychologisch sowie medizinische Befunde herangezogen, in denen die Informationen überwiegend von den Eltern stammen. Aufgrund der Fülle an Untersuchungen würde eine Auswertung an dieser Stelle über den Umfang dieser Arbeit hinausgehen. Zusammenfassend ist jedoch festzustellen, dass die veröffentlichten Arbeiten und Forschungsergebnisse aus methodischer und theoretischer Sicht noch erhebliche Mängel aufweisen, u.a. auch aufgrund uneinheitlicher Forschungsfragen.

Ein behindertes Kind bedeutet nicht nur für die Eltern, sondern insbesondere für die gesunden Geschwister der Familie eine einschneidende Situation. Da die Eltern aufgrund der intensiven Pflege des behinderten Kindes oftmals wenig Zeit für die Geschwister haben, stehen deren Bedürfnisse hinten an und erfordern

---

[122] Vgl. Hackenberg 2008: 80.
[123] Vgl. Kasten 2003: 177.
[124] Vgl. Hackenberg 2008: 72.
[125] Vgl. Kasten 2003: 177-179.

von ihnen einen „großen physischen und psychischen Einsatz"[126]. Besonders ein erstgeborenes gesundes Kind wird dieses Ausmaß als besonders schwerwiegend erleben, weil ihm nicht mehr die altgewohnte Aufmerksamkeit zukommt.[127] Oftmals, wenn auch vorübergehend, entstehen Gefühle wie Eifersucht, Wut und Empfindungen von Benachteiligung und Rivalität. Weiterhin können sie mit Anpassungsschwierigkeiten reagieren, die sich beispielsweise durch Beeinträchtigungen des Selbstwertgefühles, psychosomatische Störungen, Schulprobleme, delinquentes und aggressives Verhalten, Isolation, Ängste sowie Rückzug darstellen.[128]

Ob die Auswirkungen der besonderen Situation die psychosoziale Entwicklung der nichtbehinderten Geschwister hemmend oder fördernd beeinflussen, hängt von multiplen inner- und außerfamiliären Faktoren und Bedingungen ab, die einerseits fest stehen und andererseits veränderlich sein können.[129]

Nachfolgend werden diese Einflussfaktoren detailliert betrachtet, nicht nur, um die spezielle Situation der gesunden Kinder aufzuzeigen, sondern auch, um die Betrachtung der ungewöhnlichen Beziehung aus einer anderen Blickrichtung zu ermöglichen.

3.3.1 Einstellung der Eltern und Familienatmosphäre

Für die psychosoziale Entwicklung eines Geschwisters nimmt das Selbstverständnis der Eltern zum behinderten Kind eine bedeutende Rolle für grundlegende Beziehungserfahrungen ein.[130] Eine ständige negative Einstellung und Resignation seitens der Eltern kann möglicherweise auch die Geschwister psychisch schwer belasten. Dennoch belegen empirische Studien, wenn auch nicht ausreichend, dass Geschwister nicht generell diese negative Einstellung übernehmen, sondern positivere Grundhaltungen vorweisen.[131] Steht dem gegenüber aber ein positives Selbstbild der Eltern und die Überzeugung die Hürde gemeinsam zu bewältigen, so wird auch die Denkweise der Geschwister und der Umgang mit der Behinderung positiverer Art sein. Insofern haben die Eltern eine

---

[126] Seifert 1997: 237.

[127] Vgl. Ebd.: 237f.

[128] Vgl. Kasten 2003: 178.

[129] Vgl. Hackenberg 2008: 82.

[130] Vgl. Hackenberg 2008: 101.

[131] Vgl. Wolffersdorf 2005: 31.

Vorbildfunktion.[132] Zudem bescheinigt eine Studie von Taylor aus dem Jahr 2001 Geschwisterkindern weniger Belastungsstress und psychosoziales Wohlbefinden, wenn besonders die Mutter, aber auch andere Bezugspersonen ein gutes Einfühlungsvermögen besitzen.[133] Ebenso bedeutend für das Wohl der gesunden Kinder ist deren subjektive Zufriedenheit, welche durch eine gerechte Verteilung der elterlichen Aufmerksamkeit und Gleichbehandlung der Geschwister erreicht werden kann. Oftmals bleibt aber für ihre Probleme und Wünsche zu wenig Zeit, da die Aufmerksamkeit der Eltern größtenteils auf die Bedürfnisse des behinderten Kindes gerichtet ist.[134]

Ein weiterer nicht zu unterschätzender Aspekt liegt in einer möglichen Überforderung der nicht betroffenen Kinder, verursacht durch eine besonders hohe Erwartungshaltung der Eltern. Viele dieser Kinder fühlen sich in die Pflicht genommen, die Enttäuschung der Eltern über ein behindertes Kind auszugleichen und begegnen der Erwartung mit besonders guten Leistungen, Angepasstheit und problemlosem Funktionieren.[135]

Insofern nimmt die Familienatmosphäre eine entscheidende Bedeutung für die vorteilhafte psychosoziale Entwicklung nichtbehinderter Kinder ein, welche von einem guten Familienzusammenhalt, einer stabilen elterlichen Partnerschaft und einer angemessenen Streitkultur geprägt sein sollte.[136] Außerdem übernimmt die Art der innerfamiliären Kommunikation eine wichtige Rolle, in der die Geschwister frei ihre ambivalenten Gefühle aussprechen können und zudem Verständnis und Hilfe bei der Bewältigung spezieller Konflikte erhalten.

3.3.2 Art und Schwere der Behinderung

Inwieweit Art und Schwere der Behinderung eines Kindes Einfluss auf die Geschwister haben, lässt sich nicht genau formulieren, da die Expertenmeinungen in dieser Hinsicht sehr differieren.

So stellt Achilles fest, dass „nicht die Behinderung an sich, sondern die Art des Umgangs damit bestimmt, welche Auswirkungen die Behinderung auf die ein-

---

[132] Vgl. Hornung 2010: 34.

[133] Vgl. Hackenberg 2008: 103.

[134] Vgl. Wolffersdorf 2005: 42.

[135] Vgl. Winkelheide/ Knees 2003: 60.

[136] Vgl. Hackenberg 2008: 104.

zelnen Familienmitglieder hat"[137]. Hingegen ist Kasten der Ansicht, dass sich die Behinderung je schwerer sie sich darstellt, desto nachteiliger und problematischer auf die Geschwister auswirkt.[138] Empirische Studien von Hackenberg bestätigen diese Aussage, da sie „weit mehr persönliche Belastungen und Einschränkungen als diejenigen leichter behinderter Kinder"[139] haben. Demgegenüber berichten Kinder mit einem schwermehrfachbehinderten Geschwister positiver über ihre Einstellung und Beziehung im Vergleich zu leichter behinderten Geschwister.[140]

Dennoch gibt es neben diesen subjektiven Bewertungen auch objektive Argumente, die klärend für eine bessere oder schwerere Erträglichkeit der Behinderung stehen. So leiden nichtbehinderte Kinder aggressiver und unruhiger Geschwister eher an psychoneurologischen Schädigungen.[141] Diese Auswirkungen verdeutlichen, dass die Unterscheidung zwischen geistiger, körperlicher und schwermehrfacher Behinderung unumgänglich ist.

Die geistige Behinderung eines Geschwisters ist für die gesunden Kinder schwer nachzuempfinden, da sie einerseits Angst haben auch daran zu erkranken[142] und andererseits ihre Geschwister ihnen durch deren bestimmte abnorme Verhaltensweisen in der Öffentlichkeit sehr peinlich sind.[143] Diesbezüglich äußerte sich eine durch Achilles befragte Jugendliche, dass sie sich gewünscht hätte, ihr Bruder würde im Rollstuhl sitzen. So müsste sie durch eine offensichtliche Behinderung nicht die Blicke Außenstehender ertragen. Dies formulierte Achilles wie folgt: „Es scheint sich auch leichter mit einer Behinderung zu leben, die deutlich sichtbar ist."[144] Andere befragte und zugleich betroffene Kinder hingegen zogen eine geistige Behinderung vor, da sie den Familienalltag weniger einschränke und die Teilnahme an familiären Aktivitäten einfacher wäre, als bei körperbehinderten Kindern, bei denen oftmals bauliche Vorgaben zu Einschränkungen führen. Dementgegen schätzen die Kinder körperbehinderter Geschwister die

---

[137] Achilles 2002: 107.
[138] Vgl. Kasten 1993: 124.
[139] Hackenberg 1992: 108.
[140] Vgl. Schaback 2003: 67.
[141] Vgl. Achilles 2002: 108.
[142] Vgl. Hornung 2010: 32.
[143] Vgl. Achilles 2002: 108.
[144] Ebd.: 108.

unumschränkte gegenseitige Kommunikation[145] und das bessere gesellschaftliche Verständnis im Vergleich zur geistigen Behinderung.[146] Noch belastender, empfinden Kinder schwermehrfachbehinderter Geschwister ihre Situation, da sie oftmals den Eltern in Pflege und Hilfestellungen unterstützend zur Seite stehen müssen. Zum Teil erfahren die Kinder durch die Übernahme derart verantwortungsvoller Aufgaben Anerkennung von ihren Eltern, welche wiederum ihr Selbstwertgefühl steigert und im Rahmen der Resilienzförderung als positiv zu bewerten ist.[147]

3.3.3 Alter und Geschlecht

Unzählige wissenschaftliche Abhandlungen analysierten schon, welche Auswirkung das Geschlecht und das Alter des behinderten Kindes auf die psychosoziale Entwicklung der Geschwister hat. Dabei fallen die Resultate dieser Untersuchungen sehr widersprüchlich aus. Auf einige dieser Ergebnisse werden sich folgende Ausführungen berufen.

Hackenberg konnte bezüglich des Geschlechts des behinderten Kindes keinen Zusammenhang für Chancen und Risiken in der Entwicklung des gesunden Kindes erkennen.[148] Nichtbehinderte Schwestern weisen im Vergleich zu Brüdern eine stärkere emotionale Belastung auf und sind charakteristisch sozialer eingestellt. Sind sie dazu noch älter als das behinderte Kind kommen vermehrt Verpflichtungen[149] und das zeitige Übernehmen von Verantwortung dazu.[150] Für Achilles hingegen sind das Geschlecht des behinderten Kindes, sowie das des Geschwisters gleichbedeutend im Rahmen der Identitätsfindung und Charakterbildung.[151] Dagegen nimmt für die Eltern das Geschlecht des behinderten Kindes eine wichtigere Rolle ein, da es Auswirkungen auf seine Stellung in der Familie und in der Wahrnehmung durch seine Geschwister hat.[152]

---

[145] Vgl. Grünzinger 2005: 20.
[146] Vgl. Schaback 2003: 38.
[147] Vgl. Wolffersdorf 2005: 33.
[148] Vgl. Badnjevic 2008: 36.
[149] Vgl. Hackenberg 1992: 81.
[150] Vgl. Hornung 2010: 29.
[151] Vgl. Achilles 2002: 25.
[152] Vgl. Hornung 2010: 30.

In Bezug auf das Alter haben ältere oder gleichaltrige gegenüber jüngeren Kindern zu ihren behinderten Geschwistern oftmals eine bessere Beziehung. Zudem idealisieren sie die Behinderung, da sie sich mehr mit der Rolle der Eltern identifizieren als es jüngere Geschwister vermögen. Bisweilen auftretende negative Gefühle wie Wut und Eifersucht versuchen sie zu verdrängen, woraus allerdings Schuldgefühle entstehen können. Dennoch haben sie den Vorteil einige Zeit die Eltern für sich alleine gehabt zu haben, durch welche sie gefestigt wurden. Andererseits mussten sie die Erfahrung machen, wie die Eltern unter der Diagnose Behinderung litten.[153] Im Gegensatz zu den älteren Kindern sind die Jüngeren im Umgang mit dem behinderten Geschwister zumeist überlasteter und hilfloser, wozu die unausgereifte Einsicht auf ständige Rücksichtnahme beiträgt.[154] Da das behinderte Geschwister immer eine besondere Zuwendung und Rücksichtnahme beansprucht, besitzen die jüngeren Kinder zumeist nie die Rolle des Nesthäkchens. Hinzu kommt, dass sie mit dem Druck behaftet sind schnell erwachsen und selbstständig zu werden, um gegenüber ihrem behinderten Geschwister die Stellung des älteren Kindes einzunehmen. Dieser Prozess ist mit einer vermutlichen Verkürzung ihrer Kindheit verbunden.[155] Besonders die älteste Tochter wird oftmals bei der Betreuung eines behinderten Geschwisters mit einbezogen, letztlich auch um die überforderte Mutter zu unterstützen. So zeigen die Schwestern „in Kindheit und Jugendalter mehr Anzeichen emotionaler Belastung und ausgeprägtere soziale Einstellungen als die Brüder"[156]. Aufgrund eines automatischen Wechsels von Führungs- und Beschützerrolle durch das nichtbehinderte Kind kann es zu Identitätskonflikten auf dessen Seite kommen[157], welche zumeist erst im Jugendalter deutlich werden.[158]

Je enger sich die Geburtsreihenfolge darstellt, umso belastender und verwirrender wird die Behinderung von jüngeren gesunden Kindern wahrgenommen. Die Ursache liegt darin, dass die gesunden Kinder ihre behinderten Geschwister in kognitiven und motorischen Fähigkeiten übertreffen und sich eventuell bestehende Schuldgefühle noch mehr verstärken.[159]

---

[153] Vgl. Achilles 2007: 66f.
[154] Vgl. Hackenberg 1992: 82.
[155] Vgl. Schaback 2003: 70.
[156] Hackenberg 1992: 181.
[157] Vgl. Achilles 2002: 47.
[158] Vgl. Hackenberg 1992: 82.
[159] Vgl. Hornung 2010: 28.

3.3.4 Soziale und sozioökonomische Rahmenbedingungen

Für das familiäre Zusammenleben sowie die psychosoziale Entwicklung der unversehrten Kinder sind die sozialen und sozioökonomischen Rahmenbedingungen bedeutende Faktoren.[160] Gemäß einer Studie Hackenbergs nehmen Eltern höherer Berufsgruppen die Situation der Geburt eines behinderten Kindes in Verbindung mit einer erfolgreichen Krisenverarbeitung herausfordernd an und betrachten sie als persönlichkeitsformend für die gesunden Kinder.[161] Hingegen sind die Eltern unterer sozialer Schichten mit klassischen Themen konfrontiert, welche sich oftmals als finanzielle Probleme und den Einbezug älterer Kinder in alltägliche Pflichten sowie Betreuung der behinderten Geschwister darstellen.[162] Insofern ist festzustellen, je mehr finanzielle Mittel vorhanden sind, umso weniger sind die Geschwister mit Pflege- und Betreuungsaufgaben belastet und können sich durch diesen Freiraum uneingeschränkter entwickeln.[163] Erfahrungsgemäß fällt auch in Vielkinderfamilien die Belastung für die nichtbehinderten Kinder geringer aus, da sich die alltäglichen Verpflichtungen auf mehrere Personen aufteilen. Dennoch sind diese Familien zumeist finanziell schwächer gestellt, so dass sie sich aufgrund des beengten Wohnraumes oftmals ein Zimmer mit ihrem behinderten Geschwister teilen müssen, welches zusätzliches Konfliktpotential in sich birgt. In der Regel betrifft Familien der sozialen Oberschicht dieses Problem nicht, da sie entweder über größere Wohnungen oder ein Haus verfügen und so „eine Menge Zündstoff"[164] entfällt.

Dafür stehen gesunde Kinder der sozioökonomischen Oberschicht unter einem anderen, nicht weniger belastenden Druck durch ihre Eltern. Sie gelten als familiäre Hoffnungsträger und sollen durch besondere Leistungen den Ausgleich zu ihrem behinderten Geschwister erzielen, welches die Zukunftspläne der Eltern nicht realisieren kann. Dementgegen haben finanziell schwache Familien weniger ehrgeizige Zukunftsvisionen für ihre Kinder. Insofern leiden behinderte

---

[160] Vgl. Ebd.: 34.
[161] Vgl. Schaback 2003: 72.
[162] Vgl. Wolffersdorf 2005:38.
[163] Vgl. Hornung 2010: 34.
[164] Achilles 2002: 113.

Kinder, sowie deren Geschwister nicht unter diesem ausgeprägten Erwartungsdruck wie finanziell gut gestellte Kinder.[165]

3.3.5 Soziales Umfeld der Familie

Unzählige Erfahrungsberichte Betroffener stellen dar, wie sie unangemessene Reaktionen von Verwandten, Freunden, Bekannten sowie von Fremden belastet und nachhaltig beeinflusst haben. Dementgegen stehen positive Berichte, in denen das soziale Umfeld ein großes Verständnis und Unterstützungsbereitschaft für die familiäre Situation zeigte und somit besonders „den Geschwistern viel Unsicherheit, Scham und Zweifel"[166] erspart blieb. Angesichts einer vermehrten öffentlichen Aufklärung und eines verbesserten gesellschaftlichen Selbstverständnisses nehmen abwertende Verhaltensweisen ab, aber sofern sie vorkommen, verletzen sie mehr als vermutet wird.[167] Bemerkungen wie: „Ich kann gar nicht hinschauen, sie tun mir zu leid, sogar im Fernsehen dreh ich immer ab, wenn so was kommt"[168] stellen Mitleid dar, welches oftmals nicht mit einem böswilligen Hintergrund geäußert wird, aber dennoch stigmatisierend und ausgrenzend für die behinderte Person deren Familie und die Geschwister sein kann. Durch einen eventuellen Rückzug von Verwandten und Freunden wird die Familie isoliert und steht somit vor neuen Belastungen, die sich in Folge dessen durch ein negativ belastetes Familienklima auch besonders ungünstig auf das Wohlbefinden und die Einstellung der Kinder zu ihren behinderten Geschwistern auswirken können.[169]

Neben der Bedeutsamkeit des innerfamiliären Kontaktes für das nichtbetroffene Kind erscheint der außerfamiliäre Kontakt nicht weniger wichtig, da dieser Freiräume schafft und eine bestimmte Normalität in den sonstigen ungewöhnlichen Alltag bringt.[170]

In den kommenden Ausführungen wird noch genauer auf die Möglichkeiten für außerfamiliäre Kontakte Bezug genommen.

---

[165] Vgl. Ebd.: 114.
[166] Achilles 2002: 116.
[167] Vgl. Achilles 2002: 116.
[168] Vgl. Winkelheide/Knees 2003: 17.
[169] Vgl. Schaback 2003: 74.
[170] Vgl. Wolffersdorf 2005:39f.

Zusammenfassend ist festzustellen, dass sowohl Unterschiede wie auch Gemeinsamkeiten im funktionellen Vergleich zu einer normalen Geschwisterbeziehung vorhanden sind. Dennoch gibt es kein typisches Geschwisterkind behinderter Kinder, da die Einflussfaktoren einerseits individuell variieren und andererseits Ähnlichkeiten aufweisen. Mit Bestimmtheit lässt sich erkennen, dass das Zusammenleben mit einem behinderten Kind nicht immer einfach ist, aber trotz zahlreicher Einschränkungen und Probleme gewinnbringende und wertvolle Augenblicke für das Geschwister existieren.

Der Verarbeitungsprozess gesunder Kinder ein behindertes Geschwister zu haben, fällt aufgrund individueller Charaktermerkmale und komplexer familiärer Interaktionen recht unterschiedlich aus. Insofern ist festzuhalten, dass maßgeblich die Einstellung und die Persönlichkeit der Eltern sowie das Familienklima als auch die Akzeptanz der Behinderung die psychosoziale Entwicklung beeinflussen und für die Prägung resilienter Eigenschaften verantwortlich ist. Außerdem bedeutet ein gemeinsames Aufwachsen nicht zwangsläufig eine festgelegte Entwicklungsrichtung für die gesunden Kinder. So können sie in einem Fall belastbar, sozial engagiert, kompetent, selbstständig und lebenspraktisch sein und dementgegen unter der Behinderung ihres Geschwisters leiden, was mit Schuldgefühlen und Minderwertigkeitskomplexen einhergeht.[171]

Im nächsten Kapitel soll anhand des Stufenmodells der psychosozialen Entwicklung von Erik H. Erikson, welches er 1973 entwarf, geklärt werden, ob und inwieweit sich Besonderheiten im Zusammenleben mit einem behinderten Geschwister auf die psychosoziale Entwicklung eines gesunden Kindes auswirken können. Des Weiteren werden die Wahrnehmung und Verarbeitung eines beeinträchtigten Kindes aus dem Blickwinkel seines Geschwisters sowie deren Probleme und Chancen in der Persönlichkeitsentwicklung betrachtet.

---

[171] Vgl. Achilles 2002: 90.

4 Die psychosoziale Entwicklung nichtbehinderter Geschwister

Der Psychoanalytiker Erik H. Erikson (1902-1994) knüpfte mit seinem psychosozialen Entwicklungsmodell an die psychosexuelle Phasenlehre Freuds an, wobei sein Blick jedoch auf die Identitätsentwicklung gerichtet war, die im ersten Lebensjahr eines Menschen beginnt und für ihn den „Zuwachs an Persönlichkeitsreife [bedeutet], den das Individuum am Ende der Adoleszenz der Fülle seiner Kindheitserfahrungen entnommen haben muss, um für die Aufgaben des Erwachsenenlebens gerüstet zu sein"[172].

Nachfolgend werden die acht Stadien des Entwicklungsmodells zunächst erläutert, um sie darauf aufbauend auf die spezielle Geschwisterbeziehung zu übertragen. Hiermit soll das Spannungsfeld zwischen den Bedürfnissen und den sich ständig verändernden Entwicklungsanforderungen des Kindes verdeutlicht werden.

1. **Stadium**: Urvertrauen vs. Misstrauen (erstes Lebensjahr)

Die Aufgabe dieses Stadiums besteht in der Entwicklung eines günstigen Verhältnisses zwischen Vertrauen und Misstrauen. Der Gewinn eines fundamentalen Gefühls, dem sogenannten Ur-Vertrauen, hängt dabei maßgeblich von der Bindungsqualität und -quantität der Mutter als Hauptbetreuungsperson ab. Aufgrund ihrer uneingeschränkten Aufmerksamkeit entwickeln sich die Grundlagen des Urvertrauens.[173]

Wird ein weiteres Kind in die Familie eines behinderten Kindes hineingeboren, besteht vermutlich das Risiko einer zeitlich begrenzten Verfügbarkeit der Mutter, trotz des vermehrten Bedarfes des Säuglings und einer damit verbundenen Gefahr unsichere Bindungsmuster zu entwickeln.

2. **Stadium**: Autonomie vs. Scham und Zweifel (2. bis 3. Lebensjahr)

In diesem Stadium, in dem das Kind seinen eigenen Willen entwickelt, entstehen Eifersucht und Rivalität zwischen den Geschwistern. Da stets die Bedürfnisse des Kindes im Vordergrund stehen, fehlen ihm Empathie und Perspektivwechsel, um die Wünsche der anderen nachzufühlen.

---

[172] Erikson 1973: 123.

[173] Vgl. Badnjevic 2008: 54-55.

Für Geschwister eines behinderten Kindes ist diese Zeit aus dem Grund besonders schwierig, weil sie noch nicht verstehen, dass ihre älteren Geschwister beispielweise beim Anziehen mehr Unterstützung als sie selbst bekommen.[174] Da es oftmals in diesem Zusammenhang seine negativen Gefühle nicht zeigen darf, kann die Verwirklichung seiner eigenen Bedürfnisse gehemmt werden.[175]

Zudem durchleben Kinder in diesem Alter die wichtige Entwicklungsphase des Trotzes, die eine große Herausforderung für die Eltern darstellt. Da das Füttern eines behinderten Kindes sehr zeitaufwendig ist, muss das gesunde Kind zwangsläufig so lange am Tisch warten bis die Mutter fertig ist. Diese Situation endet dann häufig in einem Wutanfall des nichtbehinderten Kindes.[176]

Selbst die parallel verlaufende Sauberkeitserziehung kann sich konfliktreich gestalten, denn oftmals sind die schwerbehinderten Geschwister inkontinent. Gewindelt werden heißt Zeit und Fürsorge von der Bezugsperson zu bekommen, welche das gesunde Kind in der Phase des Trockenwerdens aufgibt. Hier gerät es in den Zwiespalt, seinen Stolz und seine Autonomie zu zeigen, weil es das behinderte Geschwister in einer Entwicklungsphase überholt hat, sich aber dennoch die Fürsorge seiner Bezugsperson erhalten möchte.[177]

3. **Stadium**: Initiative vs. Schuldgefühl (4. bis 5. Lebensjahr)

In dieser Phase kommt es zu einer erhöhten Persönlichkeitsfindung des Kindes, in welcher es ständig im Mittelpunkt stehen möchte. Da es auch dem Geschwisterkind so geht, nimmt die Rivalität zwischen beiden zu.

Die Konkurrenz in der besonderen Geschwisterbeziehung wird durch die Behinderung des Geschwisters unterdrückt und löst beim Versuch, die komplette Aufmerksamkeit der Eltern für sich zu beanspruchen Schuldgefühle beim gesunden Kind aus. Außerdem identifizieren sich die Kinder in dieser Zeit vermehrt mit ihren Eltern, wobei deren Einstellung vermutlich die Haltung der gesunden Kinder zum behinderten Geschwister beeinflusst. Eine Identifikation mit

---

[174] Vgl. Winkelheide/Knees 2003: 51.

[175] Vgl. Badnjevic 2008: 56-57.

[176] Vgl. Winkelheide/Knees 2003: 51.

[177] Vgl. Ebd. 51-52.

älteren Geschwistern gestaltet sich in der speziellen Geschwisterbeziehung schwieriger als in einer normalen.[178]

4. **Stadium**: Werksinn vs. Minderwertigkeitsgefühl (6. bis 12. Lebensjahr – Schulalter)

Unter dem Leitgedanken dieses psychosozialen Entwicklungsstadiums „Ich bin, was ich lerne"[179] streben die Kinder danach etwas Gutes zu vollbringen. Aufgrund von vorhergehenden ungelösten Konflikten besteht das Risiko der Entwicklung eines Minderwertigkeitsgefühls.

In diesem Stadium verbessern sich kognitive wie auch motorische Fähigkeiten eines gesunden Kindes. Außerdem verdeutlichen sich zu diesem Zeitpunkt die Entwicklungsunterschiede zwischen den Geschwisterkindern besonders, zumal die gesunden Kinder in dieser Phase oftmals die beeinträchtigten Geschwister in ihrer Entwicklung überholen.[180]

Infolge eines wachsenden Bewusstseins erhöht sich auch die Wahrnehmung der Kinder für die Sorgen der Eltern um das behinderte Geschwister. Damit sie den Eltern nicht zusätzlich Kummer bereiten, versuchen sie alles besonders gut zu machen, was sie letztlich aber auch überfordern kann. Kommen dann noch Leistungsanforderungen in der Schule dazu, denen sie nicht gewachsen sind, können Versagensängste folgen. Insofern ist es von Seiten der Eltern oder Lehrer besonders wichtig den Kindern soziale Anerkennung zu gewähren, um ihr Selbstbewusstsein zu stärken.[181]

5. **Stadium**: Identität vs. Identitätsdiffusion (12. bis 16. Lebensjahr – Adoleszenz)

In diesem Stadium versucht der Jugendliche seine soziale Rolle zu festigen, indem er alle bisherigen wichtigen Identifikationen bündelt, diese verändert, um daraus eine neue und einzigartige Identität zu entwickeln. Neben der bis dahin dominierenden Identifikation mit den Eltern erweitert sich die Identität durch eigene Ansichten und durch den Einfluss der Peergroups. Da die familiäre Haltung für viele Jugendliche verbindlich bleibt, diese jedoch mit den Einstellungen

---

[178] Vgl. Badnjevic 2008: 57.
[179] Erikson 1973: 98.
[180] Vgl. Badnjevic 2008: 57.
[181] Vgl. Winkelheide/Knees 2003: 54-55.

der Peergroups nicht übereinstimmen, entstehen Verunsicherungen bei der Festigung der eigenen sozialen Rolle.

Besonders zum Anfang der Pubertät können innere Konflikte des gesunden Kindes zu seinem beeinträchtigten Geschwister enorm zunehmen. Selbst wenn die Geschwister im Vorfeld gut miteinander auskamen, besteht die Gefahr, dass sie sich in dieser Zeit voneinander entfernen. Aufgrund der Identitätssuche des gesunden Kindes grenzt es sich von der Familie einschließlich seines behinderten Geschwisters ab. An dieser Stelle besteht die Gefahr, dass sie ihre festen Aufgaben nicht erfüllen und die bis dahin eingespielte Familienorganisation durcheinanderbringen. Letztendlich sind ihre Gefühle ambivalent, denn einerseits wollen sie sich lösen und andererseits fühlen sie sich ihrer Familie sehr verbunden.[182]

Dennoch kann sich das Aufwachsen mit einem behinderten Geschwister positiv auf die Identitätsentwicklung des unbeeinträchtigten Kindes auswirken, da sie schöne Momente bewusster wahrnehmen und gute Eigenschaften entwickeln. So schreibt beispielsweise ein nichtbeeinträchtigter junger Mann, Alexander, über seine behinderte Schwester:

> Ich habe viele Dinge, die mir heute selbstverständlich zu eigen sind, von Ihr gelernt. Durch ihre Langsamkeit habe ich gelernt, geduldig zu sein. Durch die viele Aufmerksamkeit, die sie gebraucht hat, habe ich Bescheidenheit gelernt.[183]

Außerdem finden Jugendliche mit diesen Erfahrungen oftmals ihre Bestimmung und einen tiefen Lebenssinn in der Begleitung von Menschen in schwierigen Lebenslagen oder beschreiten einen sozialen Berufsweg, wie Alexander, der jetzt „leitende Pflegekraft in einer psychiatrischen Fachabteilung"[184] ist. Zu vermuten ist dennoch, dass sich eine optimale Identitätsfindung für gesunde Jugendliche schwierig darstellen kann.

Generell existieren noch keine empirischen Studien darüber, wie sich Geschwister behinderter Kinder im Alter entwickeln.[185] Aus diesem Grund bleiben das 6. Stadium: Intimität/Solidarität vs. Isolierung (frühes Erwachsenenalter), das 7.

---

[182] Vgl. Schulte-Kellinghaus 1998: 51.

[183] Winkelheide 2007: 116.

[184] Ebd.: 117.

[185] Vgl. Badnjevic 2008: 58.

Stadium: Generativität vs. Selbstabsorption/Stagnation (Erwachsenenalter) sowie das 8. Stadium: Integrität vs. Verzweiflung (reifes Erwachsenenalter) in diesen Ausführungen unberücksichtigt.

Die umfassende Literaturstudie zu dieser Arbeit ergab, dass kaum Untersuchungsergebnisse vorliegen, ob das Zusammenleben mit einem behinderten Geschwister Auswirkungen auf die Zukunft der gesunden Kinder hat. Einige Studien bescheinigen den Kindern, die früher eine sehr enge Geschwisterbeziehung hatten, im Erwachsenenalter die Präsenz ideeller Werte, ein ausgeprägtes Verantwortungsbewusstsein und soziales Engagement. Ferner wurde deutlich, dass „die Einstellung des potentiellen Partners zu der Behinderung ein Selektionskriterium für ihre Partnerwahl"[186] ist. Dagegen sind für die indessen erwachsenen Kinder, die wenig Kontakt zu ihren behinderten Geschwistern hatten und sich zeitig von der Familie lösten, vordergründig Erfolg und Anerkennung wichtig. Betreffend der Berufswahl stellte Wright fest, dass die gesunden Kinder oftmals im sozialen oder medizinischen Bereich „helfende Berufe wählen"[187], um einerseits menschliches Leid zu verringern und andererseits, um ihre zum Teil vorhandenen Schuldgefühle gegenüber ihren behinderten Geschwistern zu verarbeiten.[188] Dies widerspricht teilweise älteren Studien, die den Geschwistern behinderter Kinder keine Auswirkungen auf die spätere Berufs- und Partnerwahl bescheinigen.[189]

4.1 Behinderung- Wahrnehmungs- und Bewältigungsprozess für die nichtbeeinträchtigten Kinder

Die Geburt eines behinderten Kindes oder der Eintritt einer Behinderung stellt nicht nur für die Eltern, sondern auch für die Geschwister ein kritisches Lebensereignis dar. Aufgrund dessen, sowie der damit einhergehenden veränderten Lebenssituation werden seitens der einzelnen Familienmitglieder insbesondere der nichtbeeinträchtigten Kinder Bewältigungsstrategien bzw. sogenannte Coping Strategien notwendig. Da die Familie sich als Einheit wechselseitig beeinflusst, bedarf sie gemeinsamer Bewältigungsstrategien.[190] Hauptsächlich zählen zu den erfolgreichen Bewältigungsmustern, die familieninterne Unterstützung und der

---

[186] Hackenberg 1992: 79.
[187] Wright 2001; zit. nach: Badnjevic 2008: 63.
[188] Vgl. Badnjevic 2008: 63-64.
[189] Vgl. Seifert 1989: 22.
[190] Vgl. Badnjevic 2008: 18-19.

emotionale Zusammenhalt, eine vorhandene Flexibilität in der Aufgabenverteilung auf alle Familienmitglieder, die Schaffung zeitlicher und ökonomischer Ressourcen, die Nutzung außerfamiliärer Helfernetzwerke und der Austausch mit Fachleuten sowie anderer betroffener Familien. In diesem Zusammenhang ist die wichtigste Coping Strategie eine positive Lebenseinstellung, um die Situation nicht nur negativ sondern auch positiv im Sinne einer neuen Lebensaufgabe und Herausforderung zu betrachten. Allerdings betreffen diese aufgezählten Strategien eher die organisatorisch-strukturelle Ebene. Die betroffenen Familien scheitern oftmals an der emotionalen Ebene, da immer noch mangelnde Übereinstimmungen zwischen gesellschaftlichen Wertorientierungen und den Erwartungen der Familie bestehen.[191]

In der Regel liegen in diesen speziellen Familien nicht von Anfang an günstige Bewältigungsstrategien vor, um mit der neuen Lebenssituation angemessen umgehen zu können. Insofern nimmt die Wahrnehmung der Behinderung besonders für die Geschwister eine entscheidende Rolle ein, da dies den Beginn eines Auseinandersetzungs- und Bewältigungsprozesses für sie darstellt.[192] Die unbeeinträchtigten Kinder haben im Gegenteil zu ihren Eltern den Vorteil, sich besser auf die vorliegende Situation einstellen zu können, da sie von Anbeginn ein Selbstverständnis entwickeln mit einem behinderten Geschwister zusammen zu leben. Dennoch hängt der Wahrnehmungs- und Bewältigungsprozess der Kinder von ihrem derzeitigen Entwicklungsstand ab. Somit bergen die verschiedenen Entwicklungsphasen sowohl unterschiedlichste Abwehrmechanismen oder Risiken als auch positive Entwicklungschancen in sich.[193]

Im Folgenden werden diese entwicklungspsychologischen Konsequenzen im Einzelnen betrachtet.

4.2 Entwicklungspsychologische Konsequenzen

Im Unterschied zu den Eltern müssen Kinder behinderter Geschwister nicht ihr komplettes Lebenskonzept umstellen, sondern es nimmt für sie „eine Herausforderung zur entwicklungsbegleitenden Integration gegensätzlicher Gefühle, Normen und Erwartungen"[194] ein. In wieweit die psychosoziale Entwicklung einen problematischen oder entwicklungsförderlichen Verlauf charakterisiert,

---

[191] Vgl. Heckmann 2004: 42.

[192] Vgl. Badnjevic 2008: 19.

[193] Vgl. Schulte-Kellinghaus 1998: 69-70.

[194] Hackenberg 1992: 159.

bestimmen insbesondere die im Voraus benannten inner- und außerfamiliären Einflussfaktoren. Ebenso übernehmen das Selbstverständnis und die Einstellung der Eltern sowie die subjektive Beurteilung der Geschwister in Bezug auf die Behinderung eine besondere Gewichtung. Dennoch sind die vielfältigen Faktoren in ein komplexes Beziehungsgeflecht eingegliedert, welche sich für jedes Kind in unterschiedlicher Weise darstellen. Insofern können die nachfolgenden Angaben über zu bewältigende Probleme und Risiken der Heranwachsenden nicht auf jedes Kind verallgemeinert übernommen werden.

4.2.1 Mögliche Risiken für nichtbehinderte Geschwisterkinder

Frühe Konfrontation mit Leid

Geschwister schwermehrfachbehinderter Kinder erfahren sehr zeitig, was Krankheit, Gebrechen oder Hilflosigkeit bedeutet. Zudem müssen sie früh lernen Rücksicht zu nehmen, mit Einschränkungen zu leben sowie Verantwortung zu übernehmen.[195]

Verbotene Rivalität

Oftmals erwarten die Eltern von dem gesunden Kind, selbst wenn es jünger ist, Rücksichtnahme gegenüber dem behinderten Kind. Aufgrund dessen stellen sie ihre eigenen Bedürfnisse zurück, die sich durch unterdrückte Gefühle in aggressiven Reaktionen zur Außenwelt zeigen, aber auch zu autoaggressiven Verhalten führen können.[196] Da die Geschwister diese Wut nicht wie in einem gewöhnlichen Geschwisterstreit zum Ausdruck bringen können und dürfen, kommt es oft zu diesen negativen Affekten oder zur Verdrängung. Oftmals versuchen sie sich gänzlich unauffällig zu verhalten, um den Eltern nicht noch mehr Umstände zu bereiten. Das belastet die Geschwisterbeziehung hinsichtlich eines offenen und ehrlichen Verhältnisses, zudem von den Eltern oftmals auch diese Rücksichtnahme erwartet wird.[197]

Überforderung der Geschwister

Auf Grund der im Vorfeld benannten Belastungen werden die nichtbehinderten Kinder emotional überlastet und reagieren darauf oftmals mit Überangepasstheit oder Gehemmtheit. Aus diesem Überforderungsanspruch der Eltern entsteht eine

---

[195] Vgl. Schaback 2003: 82.
[196] Vgl. Badnjevic 2008: 46.
[197] Vgl. Hackenberg 2008: 89-90.

teilweise unbemerkte Selbstüberforderung der Geschwister. Hinzu kommt in vielen Fällen die hohe Erwartungshaltung der Eltern, die gerade mit Sicht auf die schulischen Leistungen der Geschwister eine Entschädigung für das behinderte Kind erwarten. Insofern erhoffen sich die Kinder durch gute Leistungen den Stolz der Eltern zu sichern. Ferner wird in hohem Maß die Mithilfe bei häuslichen sowie pflegerischen Tätigkeiten als selbstverständlich vorausgesetzt.[198] So weisen negative Aspekte nichtbeeinträchtigter Kinder wie „Irgendwie waren wir immer im Dienst"[199] oder „es ist natürlich in gewisser Weise eine Belastung für mich, daß ich mich eben intensiver um sie kümmern muß"[200] auf innere Konflikte hin, welche deren psychosoziale Entwicklung entscheidend beeinflussen können.

Schuldgefühle

Zum einen können bei Kindern, auf Grund unterdrückter negativer Gefühle gegenüber ihrem behinderten Geschwister, Schuldgefühle entstehen, weil sie sich dafür schämen und sich für schlecht halten.[201] Zum anderen ergeben sich Schuldgefühle aus dem Wissen um die eigene Gesundheit, welche ein Ungerechtigkeitsgefühl gegenüber ihrem behinderten Geschwister hervorruft. Sie empfinden ihre besseren Lebenschancen im Vergleich zu den beschränkten Möglichkeiten ihres behinderten Geschwisters als nicht gerechtfertigt. Diese Schuldgefühle können in Selbstaufopferung und einer steten inneren Verpflichtung zum behinderten Geschwister enden.[202]

Eingeschränkte Möglichkeiten Freundschaften zu schließen

Aus strategischen Gründen laden sich die Geschwisterkinder oftmals ihre Freunde nicht zu sich nach Hause ein. Einerseits wollen sie ungestört sein vor eventuellen Ablenkungen durch ihre behinderten Geschwister. Andererseits schämen sie sich für ihr behindertes Geschwister und wollen sich nicht erklären.[203] Zum Teil verschweigen sie sogar die Beeinträchtigung ihrer Geschwister, um sich dem Stigma von Behinderung zu entziehen. Dies ist letztlich keine Lö-

---

[198] Vgl. Wolffersdorf 2005: 84-85.
[199] Achilles 2002: 68.
[200] Hackenberg 1992: 151
[201] Vgl. Schulte-Kellinghaus 1998: 45.
[202] Vgl. Badnjevic 2008: 48.
[203] Vgl. Wolffersdorf 2005: 88.

sung des Problems, da es überdies die nichtbehinderten Kinder psychisch stark belastet. Angesichts des Gewinnens neuer Freundschaften gelten die häusliche Mitbeanspruchung sowie die soziale Isolation der Familie als zusätzlich erschwerend für sie.[204]

Entstehende Ängste

Auf Grund mangelnder Aufklärung entstehen zuweilen Ängste, die sich in der Befürchtung zeigen, selber behindert zu sein oder es zu werden. Hinzu können gerade bei weiblichen Geschwistern Besorgnisse auftreten, selbst ein behindertes Kind zu bekommen. Ebenso besteht die Gefahr, dass sich aus der Empfindung der Verpflichtung für ihre behinderten Geschwister Ängste entwickeln, lebenslang Verantwortung für diese zu tragen und somit ihre eigenen Wünsche unverwirklicht zu sehen.[205]

Oftmals stehen die Heranwachsenden diesen Belastungen handlungsunfähig gegenüber, da sie Angst haben sich ihren Eltern anzuvertrauen und auch durch außerfamiliäre Kontakte, wie beispielsweise in der Schule, keine ausreichenden Antworten erhalten.

Bezugnehmend auf eine optimale psychosoziale Entwicklung der nichtbeeinträchtigten Kinder lässt sich zusammenfassend feststellen, dass dem innerfamiliären Umfeld insbesondere den Eltern die wichtige Aufgabe zukommt, die Kinder im Rahmen eines offenen Gesprächsklimas intensiv über die Ursachen und Perspektiven der Behinderung ihres Geschwisters aufzuklären und sie zudem in wichtige Entscheidungen, wie beispielsweise Zukunftspläne des behinderten Kindes, mit einzubeziehen. Dazu erlangen, wie schon im Voraus zu diesen Faktoren benannt, die Einstellung, der Erziehungsstil und die Lebenszufriedenheit der Eltern sowie die innerfamiliäre Kommunikation eine enorme Bedeutung.

Auch die Interventionen des außerfamiliären Umfelds, beispielsweise durch Lehrer oder Sozialarbeiter[206], nehmen eine besondere Gewichtung ein, da sie individuelle Kompetenzen im Umgang mit der Behinderung fördern und erhöhen können. Auf diese Thematik wird in einem nachfolgenden Kapitel noch einmal näher eingegangen.

---

[204] Vgl. Schaback 2003: 51.
[205] Vgl. Schaback 2003: 51-52.
[206] Vgl. Badnjevic 2008: 21.

Zusammenfassend bedeutet das, wenn die nichtbehinderten Kinder die Möglichkeit haben, über diese Ressourcen zu verfügen, würden sich vermutlich deren eigene „Verwundbarkeit durch Krisen"[207] verringern und somit ihre subjektive Einschätzung verbessert werden. Ferner können sie die Behinderung ihres Geschwisters positiv im Sinne einer Herausforderung betrachten, um neue Sichtweisen und Erfahrungen zu sammeln. Mit Blick auf die Resilienzförderung würden bewältigte Problemsituationen die Kompetenzen und das Selbstvertrauen der nichtbeeinträchtigten Kinder nicht nur gegenwärtig sondern auch hinsichtlich zukünftiger Belastungen steigern.

4.2.2 Positive Auswirkungen für die gesunden Kinder

Neben den erwähnten Problemen, Belastungen und negativen Auswirkungen, welches ein Familienleben mit einem behinderten Kind in sich birgt, bestehen Möglichkeiten positiv auf die psychosoziale Entwicklung der nichtbehinderten Kinder einzuwirken. Das diese spezielle Geschwisterbeziehung auch entwicklungsfördernde und charakterbildende Aspekte einschließen kann, wird in der älteren Literatur zumeist unberücksichtigt gelassen, mit dem Ergebnis einer defizitorientierten Sichtweise auf die Situation der Geschwisterkinder. Grundsätzlich lag es daran, dass die Wissenschaftler zumeist nur die negativen Auswirkungen des Zusammenlebens mit einem behinderten Kind analysiert haben und dabei die positiven Aspekte unbeachtet ließen. Erst neuere Studien widmeten sich den charakterbildenden und entwicklungsfördernden Aspekten, was auf einen Perspektivenwandel der Forscher hinweist. Wie bereits aufgezeigt, wird ein positiver Verarbeitungsprozess von entwicklungsfördernden Faktoren, der Persönlichkeit des Kindes sowie der elterlichen Verhaltensweisen bestimmt. Empirische Untersuchungen Hackenbergs belegen, dass unter der Voraussetzung der Förderung einer eigenständigen Entwicklung, den Geschwistern eine größere Persönlichkeitsreife, ein höheres Verantwortungsgefühl, eine vermehrte Selbstständigkeit, ein gutes Selbstvertrauen, eine größere Frustrationstoleranz und ein besseres Konfliktverhalten zu Teil wird. Zudem werden in den Studien die Entwicklung von Toleranz und Mitgefühl formuliert und neben einem persönlichen Gewinn, eine offene und soziale Einstellung gegenüber behinderten Menschen und die Selbstständigkeitsförderung als positive Faktoren benannt.[208]

---

[207] Hackenberg 1992: 14.

[208] Vgl. Hackenberg 2008: 91-92.

Erfahrungen der Heranwachsenden bestätigen, dass aufgrund des Zusammenlebens mit einem behinderten Geschwister eine starke Solidarität mit sozial schwachen Gruppen entwickelt wird: „Ich glaube, daß ich dadurch toleranter geworden bin und auch hilfsbereiter. Ich bin jetzt Minderheiten gegenüber aufgeschlossener."[209]

Ferner werden in diesen besonderen Geschwisterbeziehungen eigene Kommunikationsformen entwickelt, die insbesondere ein hohes Maß an Empathie, Kreativität und Geduld erfordern, um überhaupt mit den behinderten Geschwistern in Kontakt treten zu können. Zudem nehmen die nichtbeeinträchtigten Kinder wahr, dass körperliche und seelische Unversehrtheit keine Selbstverständlichkeit ist und lernen die eigene Gesundheit zu achten.[210]

In der Zusammenfassung lässt sich feststellen, dass für die Bewertung und Interpretation der positiven wie negativen Auswirkungen auf die psychosoziale Entwicklung mehrere Seiten betrachtet werden müssen. Einerseits können ein gutes Konfliktverhalten, ausgeprägte soziale Kompetenzen sowie ein tolerantes Verhalten Ausdruck einer besonderen sozialen Reife sein. Andererseits sind sie vermutlich ein Anzeichen für eine Überforderung der Geschwister, aus der sich eine Selbstüberforderung aufgrund des angepassten Verhaltens entwickeln kann. Insofern muss die gegenwärtige individuelle Lebenssituation des nichtbehinderten Kindes immer unter Berücksichtigung seines sozialen Kontextes betrachtet werden, um die Entfaltungsmöglichkeiten im Sinne einer optimalen psychosozialen Entwicklung einschätzen und bei Bedarf fördern zu können. Dennoch weisen eine Vielzahl von Studienergebnissen darauf hin, dass die Mehrheit der nichtbeeinträchtigten Kinder an ihren speziellen Lebensumständen reifen, einen tieferen Sinn darin sehen und es letztlich sogar als Bereicherung für ihr Leben empfinden.

---

[209] Hackenberg 1992: 151.

[210] Vgl. Badnjevic 2008: 48.

5 Förderung der psychosozialen Entwicklung nichtbeeinträchtigter Kinder

> Das Wichtigste für Geschwister behinderter Kinder ist, dass sie die Möglichkeit haben, sich offen mit ihrer Lebenssituation auseinanderzusetzen. Belastend wird die Situation für die Geschwister vor allem dann, wenn sie mit niemandem darüber reden können.[211]

Die meisten Kinder wünschen sich insgeheim, aber auch zum Teil ganz offen, über die Behinderung ihres Geschwisters aufgeklärt zu werden. Neben einigen Kindern die sich nicht wagen ihre Eltern zu befragen, erhalten die anderen, die sich trauen, oft nur unbefriedigende Antworten. So erzählt Frau D., die eine behinderte Schwester hat: „Was für eine Art von Behinderung meine Schwester Alice hat oder was der Grund dafür war, wei(ss) ich bis heute nicht."[212] Dennoch haben die Kinder viele Fragen an die spezielle Familiensituation, welche mit Bedürfnissen und Ängsten verbunden sein können, wie Frau D. äußert: „Das musste ich alles mit mir selber herumtragen."[213] Zumeist sind die Eltern selbst noch zu überfordert und unsicher, so dass die Informationen nicht weitergeben oder altersgerecht von ihnen formuliert werden können. Überdies ist es für die nichtbehinderten Kinder im außerfamiliären Umfeld noch viel schwieriger über diese Thematik zu reden. Aus Gründen von Scham oder Erklärungsnot verschweigen einige Kinder, wie bereits aufgeführt, sogar ihre behinderten Geschwister.[214] Auch von Seiten der Eltern kann diese Verschleierung erfolgen. So erinnert sich eine mittlerweile junge Frau: „Meine Eltern versuchten, mir die Behinderung meiner Schwester zu verschweigen."[215] Als sie aus dem Bekanntenkreis durch Zufall von der Behinderung erfuhr, äußerte sie: „Ich war wie erstarrt. Innerlich völlig taub, gefühllos, ganz klein."[216]

In derart unergründlichen Situationen fühlen sich die Kinder unverstanden und das Vertrauensverhältnis zu den Eltern wird schwer belastet. Vermutlich kann hier eine frühe Aufklärung ein erhöhtes psychosoziales Entwicklungsrisiko posi-

---

[211] Haberthür 2005: 133.
[212] Ebd.: 147.
[213] Ebd.: 147.
[214] Vgl. Ebd.: 133ff.
[215] Achilles 2002: 76.
[216] Ebd.: 77.

tiv beeinflussen und die psychische Widerstandskraft in derzeit bestehenden wie auch erwarteten Krisensituation stärken.

In diesem Kapitel wird dargelegt, wie sowohl Aufklärung und Information über die Behinderung der Geschwister als auch die Förderung von Resilienzprozessen die nichtbeeinträchtigten Kinder unterstützen können, um seelisch gesund zu bleiben.

5.1 Aufklärung und Information

Die vorangegangenen Ausführungen schilderten wie bedeutend die Einstellung, die Offenheit und der Umgang der Eltern mit der Behinderung für die psychosoziale Entwicklung des nichtbeeinträchtigten Geschwisters ist.

Insofern ist es wichtig in gemeinsamen Gesprächen, entsprechend des kognitiven Entwicklungsstandes, Aufklärungsarbeit zu leisten. Für den richtigen Zeitpunkt gibt es keine festen Regeln. Dieses Wissen gibt den nichtbehinderten Kindern die Möglichkeit, im Fall von Anschuldigungen oder Fragen aus dem sozialen Umfeld abwehrbereit zu sein. Diese Kinder wollen und müssen erfahren, woher die Behinderung kommt, wie sie sich darstellt und was beachtet werden muss. Dabei müssen die Kinder das Gefühl haben, ernst genommen zu werden und jederzeit nachfragen zu dürfen.[217]

Wenn die Thematik tabuisiert oder ungenügend geklärt wird, können Ängste und Misstrauen beim Kind genährt werden. Ferner haben auch die Eltern die Möglichkeit, diese Gespräche für eine aktive Auseinandersetzung mit ihrer Situation zu nutzen. Besonders für ältere Kinder besteht die Chance ihre Lage zu beeinflussen, indem sie das Gespräch nutzen, um mit ihren Eltern Probleme gerade hinsichtlich ihrer Ängste oder auch wenn sie sich vernachlässigt fühlen zu besprechen. Zudem sollten ihre Eltern ihre nichtbehinderten Kinder ermutigen offen über das Thema Behinderung zu sprechen, sie befragen und ihnen eventuell sogar Wege aufzeigen, wie sie sich detaillierte Informationen, beispielsweise über das Internet, beschaffen können. Ausnahmslos sollten Gespräche mit dem nichtbeeinträchtigten Kind von Ehrlichkeit, Feinfühligkeit und Empathie geprägt sein, um ihnen Unsicherheiten und Schuldgefühle zu nehmen oder sie gar nicht erst entstehen zulassen. Ferner ist wichtig den Kindern zu verdeutlichen, dass ihre Eltern sie genauso lieben wie das behinderte Kind.[218]

---

[217] Vgl. Hackenberg 2008: 128.

[218] Vgl. Wolffersdorf 2005: 99-100.

Bringen diese Gespräche nicht den gewünschten Erfolg, so sollten die Geschwister ermuntert werden, sich mit konkreten Anliegen an ihre Eltern zu wenden sowie sich selber Informationsmaterial zu besorgen. Zusätzlich bieten Vertrauenspersonen wie gute Freunde oder auch Lehrer, mit denen Probleme und Bedürfnisse offen besprochen werden können, ein gute Unterstützung. So können möglicherweise Erlebnisse der nichtbehinderten Kinder aufgeklärt und eingeordnet werden. Zusätzlich ist die Möglichkeit zu Selbsterklärung gegeben, und sie können auch noch einmal eine andere Sichtweise durch die Vertrauenspersonen erfahren.[219]

5.2 Resilienzförderung

Der Begriff ‚Resilienzförderung' versteht sich als umgangssprachliche Abkürzung, wobei der korrekte Inhalt die Förderung von „Bedingungen der Möglichkeit zur Entfaltung von Resilienz"[220] beinhaltet.

Die Fähigkeit zur Resilienz kann durch äußere Schutzfaktoren, aber hauptsächlich durch gezielte pädagogische Interventionen gefördert werden. Dabei liegt dem Konzept der Resilienzförderung der salutogenetische Ansatz Antonovskys im Sinne notwendiger präventiver Maßnahmen zugrunde.[221] Im Rahmen des Resilienzkonzeptes bieten sowohl der primäre Ansatz, die frühzeitige Prävention, als auch der sekundäre Ansatz, die Resilienzförderung, intensive Möglichkeiten an, damit die nichtbehinderten Kinder „wichtige Basiskompetenzen erwerben können, die für die Bewältigung schwieriger Lebensumstände förderlich sind"[222]. Prinzipiell wird zwischen den Maßnahmen der Resilienzförderung auf der individuellen Ebene und auf der Beziehungsebene unterschieden.[223]

Auf der individuellen oder personenbezogenen Ebene, welche die Kompetenzstärkung trotz belastender Lebensumstände von Kindern beinhaltet, können folgende Bereiche gefördert werden:

- Problemlösefertigkeiten und Konfliktlösestrategien
- Eigeninitiative und Verantwortungsübernahme
- Selbstwirksamkeit und realistische Kontrollüberzeugungen

---

[219] Vgl. Achilles 2002: 167.

[220] Zander 2013: 5.

[221] Vgl. Brandl 2010: 54.

[222] Wustmann 2004: 124.

[223] Vgl. Brandl 2010: 54.

- Kindliche Selbstregulationsfähigkeiten
- Soziale Kompetenzen
- Kompetenzen zur Stressbewältigung
- Körperliche Gesundheitsressourcen.[224]

Resiliente Kinder verfügen über die dargestellten Kompetenzen und Fähigkeiten in diesen Bereichen. Um zu untersuchen, ob ein Kind resilienzfähig ist oder einer Resilienzförderung bedarf, umschreibt die amerikanische Resilienzforscherin Edith Grotberg drei Perspektiven von Seiten des Kindes folgendermaßen:

...**ich habe** (äußere Unterstützung), d.h.

- Menschen, die mir vertrauen und die mich lieben,
- die mir Grenzen setzen (Orientierung und Schutz vor Gefahren),
- die mir Vorbilder sind und von denen ich lernen kann,
- die mich dabei unterstützen und bestärken, selbstbestimmt zu
- handeln
- die mir helfen, wenn ich krank oder in Gefahr bin, und die mich
- unterstützen, Neues zu lernen

...**ich bin** (innere Stärke)

- ein Kind, das von anderen wertgeschätzt und geliebt wird,
- froh, anderen helfen zu können und ihnen meine Anteilnahme zu
- signalisieren,
- respektvoll gegenüber mir selbst und anderen,
- verantwortungsbewusst für das, was ich tue,
- zuversichtlich, dass alles gut wird

...**ich kann** (interpersonale und Problemlösefähigkeiten)

- mit anderen sprechen, wenn mich etwas ängstigt oder mir Sorgen
- bereitet,
- Lösungen für Probleme finden, mit denen ich konfrontiert werde,
- mein Verhalten in schwierigen Situationen kontrollieren,

---

[224] Vgl. Wustmann 2004: 125.

- spüren, wann es richtig ist, eigenständig zu handeln oder ein
- Gespräch mit jemandem zu suchen,
- jemanden finden, der mir hilft, wenn ich Unterstützung brauche.[225]

Durch die Analyse dieser genannten Bereiche kann die Ausprägungsstärke oder -schwäche im Einzelfall festgestellt werden und somit Anhaltspunkte für resilienzorientiertes Handeln bieten. Die Resilienzförderung „fragt zuerst und vor allem nach den Schutzfaktoren eines risikobelasteten Kindes"[226], was nicht bedeutet die Risikofaktoren zu ignorieren. Im Rahmen einer Resilienzförderung müssen personale und soziale Risiken sowie Schutzfaktoren gleichsam betrachtet werden, selbst wenn der Fokus letztlich auf der Förderung der Schutzfaktoren liegt. Auf diese Weise können spezielle Schwerpunkte festgelegt werden, welche die Entfaltung der persönlichen Schutzfaktoren eines Kindes positiv beeinflusst. Wustmann kritisierte 2004 hier die zumeist fehlende Multidimensionalität der Präventionsprogramme zur Resilienzförderung im deutschsprachigen Raum, da mehrere Kompetenzen nicht gleichzeitig vermittelt werden. Die Resilienzförderung auf der Beziehungsebene entsteht durch die Interaktion mit der Bezugsperson, insbesondere den Eltern und dem Kind. Da Eltern eine Erziehungsfunktion einnehmen, sollte ihr Erziehungsstil wertschätzend sein, da dieser Auswirkungen auf die Qualität der Beziehung, die innerfamiliäre Kommunikation sowie auf das Familienklima und die Entstehung von Resilienz hat. Ferner steht die Entwicklung von Resilienz mit der familiären Situation in Verbindung, weshalb das ganze Familiensystem in die Resilienzförderung involviert werden muss. Dazu gehören nicht nur die Förderung des kindlichen Kompetenzgefühls und deren Konfliktstrategien sondern auch die elterliche Förderung.[227]

Insofern nimmt die elterliche Erziehungsverantwortung in der Resilienzförderung einen bedeutenden Stellenwert ein, da die Kinder anhand der Erwachsenen-Kind-Interaktion für ihre eigenen Bewältigungskompetenzen entscheidende Fähigkeiten lernen. Voraussetzung für eine gelungene Resilienzförderung ist somit eine sichere positive Bindung zu mindestens einem Elternteil und eine familiäre Stabilität. Neben den Eltern können auch andere Bezugspersonen außerhalb des Familiensystems als Unterstützung für ein gelin-

---

[225] Grotberg 1999; zit. nach: Wustmann 2004: 118.

[226] Zander 2013: 5.

[227] Vgl. Brandl 2010: 63-66.

gendes Bewältigungsverhalten tätig werden und in der direkten Interaktion positive Resultate für die kindliche Persönlichkeitsentwicklung bewirken.[228] Dies können beispielweise Verwandte aber auch Lehrer oder Sozialarbeiter sein, zu denen das nichtbeeinträchtigte Kind ein enges Vertrauensverhältnis aufgebaut hat.

Damit sich eine gute Resilienzfähigkeit nicht nur positiv auf den Entwicklungsprozess der nichtbeeinträchtigten Geschwister auswirkt, sondern auch auf deren gegenwärtiges Wohlbefinden setzen die im Folgenden benannten vielfältigen Unterstützungs- und Fördermöglichkeiten an diesen Beziehungsebenen an.

---

[228] Vgl. Kormann 2009: 195.

6 Unterstützungsmöglichkeiten für die Geschwister behinderter Kinder

An dieser Stelle soll noch einmal betont werden, dass nicht alle Kinder von behinderten Geschwistern spezielle Unterstützung benötigen. Vielen Kindern gelingt es gut, die an sie gestellten alltäglichen Erfordernisse aufzufangen und in ihr seelisches Selbstkonzept zu integrieren. Jedoch um den Überforderungstendenzen derjenigen Kinder, die durch den Aspekt des Zusammenlebens mit einem behinderten Geschwister belastet sind, entgegenzuwirken oder sie zu beheben, bedarf es neben präventiven Unterstützungsangeboten verschiedener pädagogischer Förderungsmöglichkeiten. Mit Hilfe dieser können ihre persönlichen Ressourcen gestärkt, Bewältigungsstrategien gefunden sowie ihr eigener und sozialer Kompetenzbereich erhöht werden.[229]

Experten gliedern die Unterstützungsangebote dazu in zwei Kategorien: Zum einen die direkte Unterstützung, welche aus praktischen Hilfen durch die Institutionen der Behindertenhilfe oder anderer Organisationen, z. B. in Form von Seminaren sowie Einzel- und Gruppengesprächen, erfolgt. Zum anderen durch die indirekte Unterstützung, die hinsichtlich des familiären und sozialen Umfeldes individuelle Ressourcen fördern soll. Hierbei nimmt die Zusammenarbeit mit der Familie einen zentralen Stellenwert ein.[230]

In den folgenden Kapiteln werden die wichtigsten Unterstützungs- und Fördermöglichkeiten für die nichtbehinderten Kinder erörtert.

6.1 Möglichkeiten zur Förderung resilienter Eigenschaften

Da ein Kind resilienzfördernde Erfahrungen durch die Interaktionen mit seiner Umwelt gewinnt, insbesondere durch seine Eltern, bedarf die Resilienzförderung verschiedener Ansatzpunkte. Dies kann speziell im Rahmen der Frühförderung sowie gezielter pädagogischer oder therapeutischer Interventionen erfolgen, um sowohl die praktischen und kommunikativen Fähigkeiten der nichtbeeinträchtigten Kinder zu entwickeln als auch die Eltern zu befähigen die Bedürfnisse ihres Kindes aus dessen Sicht wahrzunehmen.[231]

---

[229] Vgl. Hackenberg 2008: 26.

[230] Vgl. Hornung 2010: 61.

[231] Vgl. Weiß 2007: 162.

Hier ist die Stärkung des Selbstwertes bedeutend, da ein positives Selbstkonzept einen wichtigen Schutzfaktor darstellt und gerade dieses Selbstwertgefühl bei Geschwistern behinderter Kinder aufgrund äußerer Erfahrungen häufig unzureichend ausgebildet sein kann. Besonders weil diese Kinder in der speziellen Familiensituation unter einem hohen Erwartungs- und Verantwortungsdruck stehen, sie oftmals machtlos sind und zu wenig positives Feedback erhalten, muss ihnen die Möglichkeit gegeben werden, aus eigener Motivation handeln zu dürfen und sich somit als selbstständiger Mensch wahrnehmen zu können, ohne von den Bezugspersonen dirigiert zu werden. Ferner entsteht durch Ermutigungen und positive Rückmeldungen in Bezug auf ihr Handeln und ihre Fähigkeiten Selbstwert aufgrund der Selbstwirksamkeit. Kinder, die ihre Ziele im Rahmen der Selbstwirksamkeit versuchen zu erfüllen, gelten als resilienter. Diese Zielerreichung kann unterstützt werden, indem sie aktiv an Planungen teilnehmen. Diese strukturelle Eingebundenheit vermittelt den Kindern Sicherheit und bei zufriedenstellender Planumsetzung ein Erfolgsgefühl.[232]

In der Resilienzförderung werden Strukturen als Schutzfaktoren angesehen. In den speziellen Familienkonstellationen sind in der Regel feste Strukturen vorhanden, welche sich aber oftmals vollständig an den Bedürfnissen der behinderten Kinder orientieren und dabei die Geschwister sehr einschränken. Um allen Familienmitgliedern gerecht zu werden, müssen diese Strukturen verändert werden.[233] In diesem Zusammenhang kann die Einführung von Ritualen den nichtbehinderten Kindern Sicherheit und Halt bieten sowie helfen ihre Sorgen durch Handlungen zu formulieren. Das könnte bei kleineren Kindern ein Sorgenpüppchen sein, dem man alles anvertrauen kann, oder bei Älteren ein Tagebuch.

Einige Geschwister behinderter Kinder verfügen über ein hohes Maß an sozialer Kompetenz, wohingegen sich andere aus Angst vor Unverständnis und Scham hinsichtlich der Behinderung ihres Geschwisters distanzieren und Schwierigkeiten haben ihre Gefühle zu offenbaren. Letztlich ist aber nur durch den gegenseitigen Austausch der eigenen Gedanken und Gefühle die Förderung sozialer Kompetenz möglich. Dies könnte über Konfliktlösungs- und Rollenspiele erfolgen. In diesem Zusammenhang ist die Förderung positiver sozialer Kontakte sowie die Aktivierung außerfamiliärer Ressourcen für die nichtbehinderten Kinder besonders bedeutend, da stabile Beziehungen besonders in schwierigen Zeiten wie beispielsweise bei Kur- oder Klinikaufenthalten des beeinträchtigten

---

[232] Vgl. Pretis/Dimova 2010: 68-69.

[233] Vgl. Ebd.: 70.

Geschwisters einen vertrauensvollen Zufluchtsort darstellen können. Ferner können sie positive Beziehungen zu Gleichaltrigen, welche zudem mit sozialen Respekt und emotionaler Zuneigung verbunden sind, bei der Bewältigung und Kompensation ihrer schwierigen Lebenssituation unterstützen. Hier geht es auch darum Hilfe annehmen zu können oder Hilfe zu geben, was eine wichtige resiliente Eigenschaft darstellt.[234]

6.2 Hilfekonzepte für die nichtbeeinträchtigten Kinder

Neben feststehenden Bedingungen, welche die Geschwisterkinder nicht verändern können, bestehen dennoch Möglichkeiten ihre Lebenssituation positiv zu beeinflussen.

Dazu gehören Angebote wie Seminare, Wochenendveranstaltungen, regelmäßige Gruppenstunden oder andere Freizeiten, welche die Geschwisterkinder für Fragen und Gespräche nutzen können. Hier sind Geschwisterseminare eine bewährte Form der direkten Unterstützung für die Geschwisterkinder. Zusammengestellt werden diese Gruppen gemäß ihrer Zielrichtung. Entweder liegt der Schwerpunkt im Erfahrungsaustausch oder in einem freizeitorientierten Konzept. Oftmals ist es auch eine Verbindung beider Richtungen. Sie bieten eine gute Möglichkeit zum Erfahrungsaustausch mit ‚Gleichgesinnten'. In diesem gegenseitigen Austausch lernen sie voneinander und können sich somit ein breites Repertoire an verschiedenen Bewältigungsstrategien aneignen.[235]

Zudem stehen einmal die nichtbehinderten Kinder in Bezug auf ihre Bedürfnisse, Wünsche und Ängste im Mittelpunkt. Dabei genießen sie eine freie Zeit ohne ihrer sonstigen Verpflichtungen und Rücksichtnahme.[236] Durch die individuelle Aufmerksamkeit in den Gruppen, welche im häuslichen Umfeld so kaum möglich ist, machen sie kompensatorische Erfahrungen. Ferner ermöglicht das Miteinander in kleinen Gruppen den Kindern leichter ihre Probleme, Gefühle und Ängste zu offenbaren. Begleitet werden sie dabei von professionellen Fachleuten, die versuchen sich mit den Lebensumständen der Kinder auseinanderzusetzen und diese aus den verschiedenen Perspektiven zu betrachten.[237] Ziel der Geschwisterseminare ist es im Sinne der Resilienzförderung, die Kinder aus ihrer Isolation zu befreien und ihr Selbstbewusstsein zu steigern. Überdies sollen sie

---

[234] Vgl. Zander 2013: 13-14.

[235] Vgl. Hackenberg 2008: 134.

[236] Vgl. Grünzinger 2005: 75.

[237] Vgl. Hackenberg 2008: 135.

lernen, sich eigens mit ihrem Leben auseinanderzusetzen, eine gewinnbringende Lebenseinstellung zu entwickeln und mit möglichen Verletzungen umzugehen.[238]

Zusammenfassend kann man sagen, dass die Gespräche über ihre Lebenssituation, das Verständnis und Einfühlungsvermögen der anderen Kinder sowie ‚Einer von Vielen' mit ähnlichen Sorgen zu sein und letztlich nicht zu den „Exoten"[239] zu zählen, sehr bedeutsam für die Kinder mit behinderten Geschwistern sind. Derzeit werden auch die genannten Gruppenangebote noch zu wenig und zu weit verzweigt in Deutschland angeboten. Daher sollten diese Programme ein fester Bestandteil in klinischen und pädagogischen Einrichtungen sein.

Aber auch die Nutzung eigener Möglichkeiten bildet für die Geschwister eine wichtige Grundlage zur optimalen psychosozialen Entwicklung. Wie bereits betont, sollten Kinder ein offenes Gespräch mit ihren Eltern suchen. Dies setzt zweifellos eine Reife voraus, in welcher schon kommunikative Fähigkeiten erlernt wurden und gesprächsbereite Eltern, um diesen eigene Bedürfnisse deutlich vermitteln zu können. Allerdings muss dieser scheinbar logische Vorschlag kritisch hinterfragt werden, da viele nichtbehinderte Kinder ihren Eltern wenig Umstände bereiten wollen. Eine Gesprächsoffensive wäre dann in ihrer Umsetzung problematisch. Finden letztendlich ein oder mehrere Gespräche statt, sollten die Kinder alles klar formulieren, was und wie etwas geändert werden muss.[240]

Hilfreich im Rahmen der Selbsthilfe sind für die nichtbehinderten Geschwister auch Gespräche mit außerfamiliären vertrauten Personen, da sie sich diesen oftmals ohne Wertung mitteilen können.[241]

Im Rahmen resilienter Bewältigungsstrategien sind die positive Betrachtung der speziellen Lebenssituation und das offene Gespräch darüber sehr wichtig, da sonst Kontaktbarrieren entstehen können. Insofern ist es notwendig, dass die Kinder die Behinderung ihrer Geschwister nicht tabuisieren, sondern offensiv Vorurteilen entgegentreten.[242]

---

[238] Vgl. Schaback 2003: 117.
[239] Grünzinger 2005: 76.
[240] Vgl. Hornung 2010: 67.
[241] Vgl. Hackenberg 2008: 131.
[242] Vgl. Achilles 2002: 125.

6.3 Professionelle Beratung und Hinweise für die Eltern

Da eine optimale psychosoziale Entwicklung der Geschwisterkinder im Wesentlichen von ihren familiären Erfahrungen beeinflusst wird, erstreben viele professionelle Hilfekonzepte die Zusammenarbeit mit den Eltern, damit diese wirksam ihre Kinder unterstützen können. Empirische Untersuchungen zum Erziehungsstil der Eltern belegen, dass zum einen der Aspekt der elterlichen Wärme, z. B. Fürsorge, Liebe, Geborgenheit, und zum anderen der Aspekt der elterlichen Kontrolle, z. B. klare Regeln, Grenzen, Strukturen, entscheidend für eine gesunde kindliche Entwicklung sind. Hier können gemäß der Forschungsergebnisse, bei einer ungenügenden Berücksichtigung dieser Faktoren, psychosoziale Verhaltensauffälligkeiten bei den Kindern entstehen.[243] Eltern sind neben ihrer eigenen Bewältigung mit der Behinderung oftmals überfordert, verunsichert und leiden an Schuldgefühlen. Das erfordert eine professionelle Unterstützung und Beratung der Eltern, welche zusammen mit den Fachleuten einmal nicht die behinderten sondern die nichtbehinderten Kinder in den Fokus ihrer Betrachtung setzt.[244]

Gegenwärtig existieren in Deutschland verschiedene Programme in Form von sogenannten Elterntrainings und Elternkursen, um die Erziehungskompetenzen der Eltern zu verbessern und Fehlentwicklungen der Kinder zu verhindern.[245] Ferner erhalten sie durch professionelle Fachleute in Elternberatungen genaue Informationen über die Behinderung und damit verbundener Bewältigungsstrategien, welche ihnen und dem Geschwisterkind helfen sollen, Konfrontationen und Konflikten im sozialen und häuslichen Umfeld gestärkter entgegenzutreten.[246] Hierzu wird häufig die Methode des Rollenspiels eingesetzt, um erworbene Strategien zu festigen und zu trainieren.

In diesen Beratungseinheiten werden die Eltern über grundlegende Verhaltensweisen gegenüber ihrem nichtbehinderten Kind aufgeklärt. Dazu gehört neben der schon benannten offenen Kommunikation die individuelle Wertschätzung und Ermutigung ihres Kindes, um Identität und Selbstwertgefühl zu entwickeln und ihnen das Gefühl zu vermitteln, wahrgenommen zu werden. Zudem wird den Eltern dazu geraten, es zu vermeiden, die nichtbeeinträchtigten Kinder zu

---

[243] Vgl. Fröhlich-Gildhoff/Rönnau-Böse 2009: 78-79.

[244] Vgl. Hackenberg 2008: 127.

[245] Vgl. Fröhlich-Gildhoff/Rönnau-Böse 2009: 80.

[246] Vgl. Hackenberg 2008: 130.

belasten, indem sie überhöhte Erwartungen und Hoffnungen als Ausgleich und Trost gegenüber dem behinderten Kind haben. Hier muss eine bewusste Abgrenzung des Nichtbehinderten vom behinderten Kind von den Eltern toleriert werden. Ferner dürfen die Geschwister die Pflege- und Versorgungsassistenz nicht als Zwang erleben, da sie sonst überfordert werden. In der Regel entscheiden sie selbst, ob und in welchem Maße sie helfen wollen. In diesem Sinn wird den Eltern geraten, die Aufgaben und Verantwortung gerecht zu verteilen und somit auch Freiräume für die Geschwister zu schaffen. Gleichzeitig begünstigen die gewonnenen Freiräume unterstützende Beziehungen und Freundschaften im sozialen Umfeld, in denen die nichtbeeinträchtigten Kinder Verständnis bei Problemen finden, welche sie nicht innerfamiliär besprechen möchten.[247]

Freiräume für sich und ihre nichtbehinderten Kinder können sich die Eltern auch durch die Nutzung familienentlastender Dienste (FED) schaffen. Träger dieser Dienste sind meistenteils Wohlfahrts- und Behindertenverbände, welche die Familien mit behinderten Kindern bei der Betreuung und Pflege unterstützen und entlasten und somit eine gute Alternative zur Fremdunterbringung sind.[248]

Ziel des FED ist es zudem, die Gesundheit sowie den Betreuungs- und Pflegewillen der Familie zu erhalten und ihnen die Gelegenheit zu geben, am gesellschaftlichen und kulturellen Leben teilzunehmen. In dieser Zeit können die Eltern sich vollständig dem nichtbehinderten Kind widmen und Freizeitaktivitäten planen, die mit dem behinderten Kind nicht oder nur unter Einschränkungen und viel Aufwand möglich gewesen wären.[249] Somit können die Kinder in dieser freien Zeit ihre Eltern ungeteilt für sich beanspruchen und es fällt ihnen dann im Alltag leichter zu akzeptieren, dass die Eltern weniger Zeit für sie haben. Überdies verhilft es zu neuen Kraftreserven für anstehende Aufgaben und trägt enorm zur Zufriedenheit und Ausgeglichenheit der ganzen Familie bei.[250]

Eine weitere Unterstützung können Eltern in Selbsthilfegruppen finden, die neue Perspektiven schaffen und ihnen aus der Isolation helfen, in die sie oftmals gedrängt werden.[251] Zur Ermittlung dieser Kontakte in ihrer Region sollten betrof-

---

[247] Vgl. Grünzinger 2005: 51-53.

[248] Vgl. Grünzinger 2005: 77.

[249] Vgl. Hornung 2010:69.

[250] Vgl. Schaback 2003: 115.

[251] Vgl. Kriegl 1993: 69

fene Eltern beispielsweise im Internet recherchieren oder ihren behandelnden Arzt befragen.

Aufgrund des zumeist nicht befriedigten Bedürfnisses der Geschwister ausreichend Zeit mit den Eltern zu verbringen, wird den Beteiligten angeraten Perioden ungeteilter elterlicher Zuwendung festzulegen. Aus psychosozialer Sicht ist dies ein bedeutender Ausgleich und wichtiger Liebesbeweis für die nichtbehinderten Geschwister.[252]

Ferner ist es wichtig, die Geschwister direkt mit in die Beratung einzubeziehen. So haben sie die Chance, offen über ihre Situation zu sprechen und Hilfen zur Bewältigung dieser zu empfangen. An dieser Stelle sollten sich die Eltern auch nicht scheuen angebotene Hilfeleistungen für ihre gesunden Kinder anzunehmen, da „viele Menschen mit behinderten Geschwistern berichten, dass sie zu einer psychologischen Beratung gehen oder eine Therapie machen, weil sie in der Vergangenheit sehr unter der Benachteiligung der Behinderung gelitten haben"[253].

Mittels der professionellen Elternberatung und -training sowie durch Selbsthilfegruppen und damit erlernter Bewältigungsstrategien könnten vermutlich die Lebensumstände und die psychosoziale Entwicklung der nicht behinderten Kinder indirekt positiv beeinflusst werden.

6.4 Empfehlungen für professionelle Fachkräfte und Pädagogen

Bei älteren nichtbehinderten Geschwistern kann diesen eine kooperative Zusammenarbeit mit den Lehrkräften der Schule als bedeutende Kraftquelle zuteil werden. Voraussetzung dafür ist eine positive Beeinflussung der beteiligten Schüler, indem die Lehrer auf einfühlsame Weise das Thema Behinderung in das Unterrichtsgeschehen integrieren und somit versuchen die Schüler zu sensibilisieren. Sollte es den Lehrern gelingen Verständnis hervorzurufen, würden abwertende Äußerungen wahrscheinlich weniger werden oder sogar der Vergangenheit angehören.[254] An dieser Stelle könnten die Lehrer zur besseren Veranschaulichung der Thematik auch verschiedene Medien wie Filme, Reportagen oder Bücher einsetzen.

---

[252] Vgl. Hackenberg 2008: 129ff.

[253] Grünzinger 2005: 72.

[254] Vgl. Hornung 2010: 67-68.

Eine weitere Möglichkeit zum Abbau von Unsicherheit und Vorurteilen der Beteiligten wäre, wenn Geschwisterkinder über ihre Erfahrungen und die verschiedenen Aspekte ihres familiären Umfeldes innerhalb des Unterrichts erzählen möchten. So würde es dem nichtbehinderten Kind zukünftig vermutlich leichter fallen, mit Freunden über sein Geschwister zu reden und es müsste diesen Fakt nicht mehr verheimlichen. Das würde den Umgang mit den Freunden um ein vielfaches erleichtern und den Geschwisterkindern die Last nehmen. „Eine offene und unterstützende gesellschaftliche Haltung gegenüber Menschen mit besonderen Bedürfnissen"[255] würde einen beträchtlichen Gewinn für die nichtbehinderten Kinder in Bezug auf eine positive Identitätsentwicklung darstellen.[256]

Ferner sollten professionelle Fachkräfte wie beispielsweise Ärzte, Psychologen und Sozialpädagogen oder auch Mitarbeiter in Beratungsstellen neben ihrer Arbeit mit den behinderten Kindern die Geschwisterkinder mit integrieren und sich gezielt nach ihnen erkundigen. So bekämen sie die Möglichkeit ihre Probleme zu benennen und würden gleichzeitig die Eltern zum Nachdenken anregen, ob das unbeeinträchtigte Kind versteckte und unerfüllte Bedürfnisse hat. Zudem können gemeinsame Interaktionen der Geschwister familiäre wie auch therapeutische Ressourcen erschließen.

---

[255] Hackenberg 2008: 138.
[256] Vgl. Schaback 2003: 67-68.

7 Resümee

In der Betrachtung der vorangegangenen Ausführungen dieser Arbeit kann zweifelsfrei bestätigt werden, dass sich die Lebensumstände der nichtbehinderten Geschwister auf ihre psychosoziale Entwicklung auswirken, ob nun mehr im positiven oder negativen Sinn, muss dabei unbeantwortet bleiben. Geschuldet ist diese unbestimmte Aussage den relativ wenigen und dazu sehr variierenden Forschungsergebnissen, da diese in vielen Fällen auf uneinheitlichen Forschungsfragen basieren. Aufgrund der geringen Anzahl an adäquaten Vergleichsuntersuchungen ist davon auszugehen, dass sich dieses junge Forschungsgebiet noch in der Anfangsphase befindet. Wie aber die Ausführungen darstellen, sind für eine solche Analyse entsprechend unterschiedliche und individuell zu berücksichtigende Faktoren maßgeblich. Dennoch bestätigen sowohl Experten als auch die Eltern und deren nichtbehinderte Kinder die vielfältigen Auswirkungen auf die psychosoziale Entwicklung der Geschwisterkinder.

So konnte festgestellt werden, dass die vielfältigen Ausgangsbedingungen der betroffenen Familien die Geschwister behinderter Kinder in unterschiedlichem Ausmaß beeinflussen und sie mit zusätzlichen subjektiven Herausforderungen und Belastungen auf verschiedenen Gebieten und in unterschiedlichen Lebensbereichen konfrontiert sind. Dies wurde durch das Vorhandensein von sowohl Risiko- als auch Schutzfaktoren bestätigt, welche entscheidend für die Entwicklung und Förderung resilienten Verhaltens sind. Bestimmte personelle Schutzfaktoren sowie protektive Bedingungen des familiären und sozialen Umfeldes tragen dazu bei, die risikoerhöhenden Faktoren zu reduzieren oder sogar zu verhindern. Ausschlaggebend ist, je höher die Anzahl der Schutzfaktoren ist, über die ein Kind verfügen kann, desto optimaler wird sich die Resilienz entwickeln und demzufolge einen positiven Einfluss auf die psychosoziale Entwicklung des Kindes haben. An dieser Stelle lassen sich Ähnlichkeiten zum Empowerment-Konzept feststellen, welches sich im Sinne von Selbstbestimmtheit unter anderem auch auf die Ressourcenförderung und die Entwicklung von Kompetenzen konzentriert. Insofern ist das Resilienz-Konzept nicht als alleiniges Allheilmittel zu betrachten.

Wie dargelegt, ergeben sich aufgrund der speziellen Familienkonstellationen vor- und nachteilige Konsequenzen für die nichtbehinderten Kinder. Das bedeutet aber nicht, dass ein behindertes Kind sich zwangsläufig negativ auf die psychosoziale Entwicklung seines Geschwisters auswirkt, sondern ein Großteil von ihnen kann sogar einen persönlichen Gewinn daraus ziehen. In diesem Zusammenhang wird noch einmal deutlich hervorgehoben, wie entscheidend der familiäre Umgang mit der speziellen Situation, die familiären Kommunikations- und Interaktionsformen sowie das Familienklima dabei sind. Insofern konzentrieren sich die Aussagen nicht nur auf die Bewältigungsstrategien der Geschwister, sondern müssen im Zusammenhang mit den elterlichen Lösungswegen und ihrer Erziehungsverantwortung betrachtet werden. Denn durch eine effektive Eltern-Kind-Interaktion lernen die unbeeinträchtigten Geschwister für ihre eigenen Bewältigungskompetenzen grundlegende Fähigkeiten. Erwiesenermaßen sollte diese Bindung sowohl von elterlicher Wärme als auch von elterlicher Kontrolle geprägt sein.

Für eine erfolgversprechende Bewältigung und gelungene Verarbeitung der besonderen Verhältnisse sind neben einer vertrauensvollen Eltern-Kind-Beziehung, verschiedene Hilfestrategien im Rahmen der Resilienzförderung überaus bedeutungsvoll für die psychosoziale Entwicklung der nichtbehinderten Kinder. Die Wichtigkeit unterstützender Maßnahmen veranschaulichen zudem die Aussagen der Geschwisterkinder und die dargelegten Expertenmeinungen in dieser Arbeit. Insofern sollten die vorgestellten resilienzfördernden Unterstützungsmöglichkeiten für die Geschwister sowie deren Eltern vermehrt fokussiert und gefördert werden. Dabei sollte die Förderung von Resilienz durch präventive Maßnahmen so früh wie möglich beginnen.

Damit sich Resilienz aber letztlich nicht als Modebegriff etabliert, sollten vermehrt Aufklärungen über das konzeptionelle Grundanliegen in den Familien sowie bei den Fachkräften erfolgen. Noch immer fehlt es einigen Geschwistern und deren Eltern an ausreichender und umfassender Aufklärung zu den verschiedenen Möglichkeiten, Hilfekonzepte in Anspruch zu nehmen. Dies ist vermutlich ein gesamtgesellschaftliches, aber auch ein wirtschaftliches Problem, zumal davon speziell Familien der unteren sozialen Schicht betroffen sind. Besonders erfolgversprechende Projekte könnten möglicherweise aufgrund fehlender Finanzen oder eingesparten Personals scheitern. Selbst wenn für die spezielle Lebenssituation der Geschwisterkinder mittlerweile ein vermehrtes Interesse besteht, so muss weiterhin nicht nur politisch und wirtschaftlich ein Umdenken erfolgen, sondern sich auch im Bewusstsein der Bevölkerung vertiefen.

Literatur

Achilles, Ilse (2002): „...und um mich kümmert sich keiner!": Die Situation der Geschwister behinderter und chronisch kranker Kinder; Ernst Reinhardt GmbH & Co KG Verlag, München.

Achilles, Ilse (2007): Die Situation der Geschwister behinderter Menschen, in Behinderte Menschen, Zeitschrift für gemeinsames Leben, Lernen und Arbeiten, Nr. 1/2007, Thema: Eltern behinderter Kinder, S.66- 77.

Badnjevic, Sejla (2008): Meine Schwester ist anders als ich..., Geschwister behinderter Kinder- Ihre Entwicklungschancen und –Risiken, Tectum Verlag, Marburg.

Bank; Stephen P./ Kahn, Michael D. (1998): Geschwister-Bindung. Deutscher Taschenbuchverlag GmbH & Co.KG. München.

Brandl, Marion (2010): Resilienz- Kinder fürs Leben stärken. Freie Universität Bozen. Südtirol.

Brooks, Robert/ Goldstein, Sam (2009): Das Resilienz-Buch. Wie Eltern ihre Kinder fürs Leben stärken. 3. Auflage. Stuttgart.

Erikson, Erik H. (1973): Identität und Lebenszyklus. 3 Aufsätze. 26. Auflage. Frankfurt am Main. Suhrkamp Verlag.

Fröhlich-Gildhoff, Klaus/ Rönnau-Böse, Maike (2009): Resilienz. München.

Grünzinger, Eberhard (2005): Geschwister behinderter Kinder: Besonderheiten, Risiken und Chancen, Ein Familienratgeber, CARE- LINE Verlag GmbH, Neuried.

Hackenberg, Waltraud (1992): Geschwister behinderter Kinder im Jugendalter- Probleme und Verarbeitungsformen, Längsschnittstudie zur psychosozialen Situation und zum Entwicklungsverlauf bei Geschwistern behinderter Kinder, Edition Marhold, Berlin.

Hackenberg, Waltraud (2008): Geschwister von Menschen mit Behinderung- Entwicklung, Risiken, Chancen; Ernst Reinhardt GmbH & Co KG Verlag, München.

Hornung, Kathrin (2010): Wie wär ich ohne Dich? Identitätsentwicklung von Geschwistern behinderter Kinder, Tectum Verlag, Marburg.

Kasten, Hartmut (2003): Geschwister. Vorbilder, Rivalen, Vertraute. Ernst Reinhardt GmbH & Co KG Verlag, München.

Kormann, Georg (2009): Resilienz. Was Kinder und Erwachsene stärkt und in ihrer Entwicklung unterstützt. In: Gesprächspsychotherapie und Personenzentrierte Beratung, 40. Jg., H.4, S. 188-197.

Köck, Peter/ Ott, Hanns (1997): Wörterbuch für Erziehung und Unterricht. 3100 Begriffe aus den Bereichen Pädagogik, Didaktik, Psychologie, Soziologie, Sozialwesen. Donauwörth: Auer Verlag.

Kriegl, Huberta (1993): „Behinderte Familien", Jugend & Volk Schulbuchverlag, Wien.

Laucht, Manfred (1999): Risiko- vs. Schutzfaktor? Kritische Anmerkungen zu einer problematischen Dichotomie. In: Opp, Günther/Fingerle, Michael/Freytag, Andreas (Hrsg.): Was Kinder stärkt. Erziehung zwischen Risiko und Resilienz. Ernst Reinhardt GmbH & Co KG Verlag München. S. 303-314.

Maehrlein, Katharina (2012): Die Bambusstrategie. Den täglichen Druck mit Resilienz meistern. Gabal Verlag GmbH. Offenbach.

Schmidt- Ohlemann, Matthias (2005): Bundesarbeitsgemeinschaft für Rehabilitation (Hrsg.), Rehabilitation und Teilhabe, Wegweiser für Ärzte und andere Fachkräfte der Rehabilitation, Deutscher Ärzte- Verlag GmbH, Köln.

Schneewind, Klaus A. (1999): Familienpsychologie. Kohlhammer. Stuttgart.

Schulte- Kellinghaus, Anette (1998): Die psychosoziale Situation von Geschwistern behinderter Kinder mit dem Krankheitsbild Osteogenesis imperfecta. Kleine- Verlag. Bielefeld.

Seifert, Monika (1989): Geschwister in Familien mit geistig behinderten Kindern: eine praxisbezogene Studie. Klinkhardt. Bad Heilbrunn.

Sturzbecher, Dietmar/Dietrich, Peter S. (2007): Risiko- und Schutzfaktoren in der Entwicklung von Kindern und Jugendlichen. In: Deutsche Gesellschaft gegen Kindesmisshandlung und –vernachlässigung (DGgKV) e. V. (Hrsg.): Kindesmisshandlung und –vernachlässigung. Interdisziplinäre Fachzeitschrift. Themenheft: Resilienz, Ressourcen, Schutzfaktoren- Kinder, Eltern und Familien stärken. Jahrgang 10. Heft 1. S. 3-30.

Opp, Günther/Fingerle, Michael (Hrsg.) (2007): Was Kinder stärkt. Erziehung zwischen Risiko und Resilienz. Ernst Reinhardt GmbH & Co KG Verlag München.

Pinquart, Martin (2013): Wenn Kinder und Jugendliche körperlich chronisch krank sind. Psychische und soziale Entwicklung, Prävention, Intervention. Springer- Verlag Berlin. Heidelberg.

Pretis, Manfred/Dimova, Aleksandra (2010): Frühförderung mit Kindern psychisch kranker Eltern. Ernst Reinhardt GmbH & Co KG Verlag München.

Puschke, Martina (2005): Die Internationale Klassifikation von Behinderung der Weltgesundheitsorganisation. In: WeiberZEIT. Zeitung des Projektes "Politische Interessenvertretung behinderter Frauen" des Weibernetz e.V. Ausgabe Nr. 07. April 2005. S. 4-5.

Retzlaff, Rüdiger (2010): Familien stärken. Behinderung, Resilienz und systemische Therapie. Klett- Cotta. Stuttgart.

Richter, Rudolf/ Zartler, Ulrike (2008): Familie. In: Forster; Rudolf (Hrsg.): Forschungs- und Anwendungsbereiche der Soziologie. Wien. S. 39-55.

Weiß, Hans (2007): Frühförderung als protektive Maßnahme- Resilienz im Kleinkindalter. In: Opp, Günther/Fingerle, Michael (Hrsg.) (2007): Was Kinder stärkt. Erziehung zwischen Risiko und Resilienz. Ernst Reinhardt GmbH & Co KG Verlag München. S. 158-174.

Welter- Enderlin, Rosemarie (2006): Einleitung. Resilienz aus der Sicht von Beratung und Therapie. In: Welter- Enderlein, Rosemarie/ Hildenbrand, Bruno (Hrsg.): Resilienz- Gedeihen trotz widriger Umstände. Heidelberg. S.7-19.

Winkelheide, Marlies/ Knees, Charlotte (2003): ...doch Geschwister sein dagegen sehr, Schicksal und Chancen der Geschwister behinderter Menschen, Königsfurt Verlag, Krummwisch bei Kiel.

Winkelheide, Marlies (2007): Ich neben dir- du neben mir. Geschwister aus mehreren Generationen erzählen. Geest- Verlag. Vechta- Langförden.

Wustmann, Corinna (2004): Resilienz. Widerstandsfähigkeit von Kindern in Tageseinrichtungen fördern. Weinheim.

Zander, Margherita (2008): Armes Kind- starkes Kind? Die Chance der Resilienz. Wiesbaden.

Zander, Margherita (2009): Resilienz. Seelische Widerstandsfähigkeit. Einleitung in den Schwerpunkt. In Sozial Extra. 11/12/2009. S. 12-13.

Internetquellen

http://www.gesetze-im-internet.de.

Plass, Jürgen (2005): Stark werden trotz schwieriger Kindheit. Psychische Widerstandsfähigkeit im Kindes- und Jugendalter. http://www.erziehungsberatung-fulda.de/wp-content/uploads/resilienz.pdf. Zugriff am 12.01.2016.

Schaback, Carolin (2003): Zur Lebenssituation der Geschwister behinderter Kinder unter besonderer Berücksichtigung der sich daraus entwickelnden Probleme und Chancen sowie der Bedeutung der veränderten Familiensituation für die psychosoziale Entwicklung der nichtbehinderten Geschwister, http://www.intakt.info/fileadmin/Seiteninhalte/downloads/geschwister.pdf. Zugriff am 17.01.2016.

Stangl, Werner (2012): Abulie, Lexikon für Psychologie und Pädagogik, http://lexikon.stangl.eu/1662/dyade/. Zugriff am 23.01.2016.

Wolffersdorf, Rene (2005): Die Situation von Geschwistern behinderter Kinder, http://www.foepaed.net/volltexte/wolfferdorf/geschwister.pdf. Zugriff am 09.02.2016.

Zander, Margherita (2013): Armes Kind – starkes Kind? Resilienzförderung als frühpädagogisches Konzept. http://www.integra-jobpiloten.de/fileadmin/site_files/jobpiloten/Pdfs. Zugriff am 06.02.2016.